記憶を未来へ

——秋田の戦争をつなぐ

目次

はじめに——記憶継承の当事者になった私

人生は不思議だなと思います。

この本は、秋田の方々の戦中戦後の記憶を記録するとともに、戦争を知らない世代が、どのように記憶を受け止め、継承するのかを考えるものです。とはいえ数年前まで、私が戦争に関する本を書くことになるとは、思ってもいませんでした。むしろ二十歳になるまで、戦争は自分とは直接関係のない、遠い出来事だと思って生きてきました。私の祖父母は、あまり戦争の話をしませんでしたし、両親は戦後生まれです。一九八二年生まれの孫世代の私が、太平洋戦争に触れる機会といえば、学校の歴史の授業か、映画やドラマや本などの作品だったので、どこか別世界で起きていることのように思っていました。

大学生の夏休み。植林活動に参加するため、友人たちとフィリピンに行きました。ホームステイ先の住民と村を散歩していると、その村の山に戦争中、多くの日本兵がいたと聞かされました。予期せぬ話題に、私は返す言葉が見つかりませんでした。その後、大学院に進学して、フィリピンの森林保全を研究テーマにすえ、毎年フィリピン・ルソン島のあちこちを調査で訪ね歩きました。すると訪問した先々で、住民たちが私に戦争の記憶を語ってくれたのです。多くは、日本兵の悪行(暴力、窃盗、強姦、殺戮《さつりく》など)で、どうやって住民たちが日本兵と戦ったかという内容でした。

二十代の私は、その記憶や語りとどう向き合えばよいか分かりませんでした。記憶にある日本兵の所業が本当であれば、それは許されないこと。と、頭では分かっていても、心の中は非常に複雑で混乱していました。日本兵だって戦争に巻き込まれたとか、亡くなった日本兵だってその死を悲しむ家族がいるという思いが自然とわき立ったからです。でも、フィリピン人の立場や思いも分かりますし、戦争について語れるほどの知識や関心も持っていなかったので、とにかく相手の話を聞くことで、誠意を示すことしかできませんでした。

なぜ、フィリピンで戦争の記憶を聞くことになったのか。それは、フィリピンが太平洋戦争の激戦地で、戦争が終わりに近づくにつれ、敗走した日本兵が山岳地帯に潜伏したためでした。フィリピンでは、日本陸軍の戦死・戦病死者が約五十万人、フィリピン人の一般市民犠牲者が約百万人、そして米国陸軍の死者一万六千人を超えるといわれています。六十数年後、私は研究という全く異なる目的で、そこに居合わせたのです。

植生を調べようと、地図を片手に山のことを尋ねると、「宝探しのトレジャーハンターか」と聞かれることもありました。戦争中、日本兵がフィリピン各所に財宝を隠したという伝説は、当時の山下奉文陸軍大将の名をとり、山下財宝とも呼ばれています。大学院生だった私も財宝探しを手伝ってほしいと頼まれ、東京の実家に地図らしきものがFAXで送られてきたこともありました。現地滞在中、テレビで山下財宝に関するニュースが流れたり、現地NGOスタッフの父親が、財宝探しに夢中になって家財を使い果たし、家族みんなが苦労したと教えてもらったりすることもありました。今もフィリピンでは、戦争の記憶が人びとの中に息づいていると感じました。

こうして私は、教科書には書かれない、一般住民の暮らしの中にある、家族の記憶としての戦争を知りました。そして戦争に無知・無関心であった自分を反省しました。もっとも私の研究テーマは森林保全だったので、これらはあくまで、現地調査での一つの経験という位置づけでした。ただ、頭の片隅に、日本人として戦争とどう向き合えばよいのか、という疑問が残るようになりました。

そんな私が本書を書くことになったのは、二〇一二年に秋田の大学に就職したことがきっかけでした。秋田の農村で授業や研究を始めると、今度は秋田の人たちが、村の歴史や家族の思い出を話してくれて、その中に、戦争の記憶があったのです。そして秋田の多くの若者が入隊した歩兵第十七連隊が、最終的に(一九四四年七月から)投入されたのが、フィリピン戦線だったと知ったのです。私がフィリピンで聞いた日本兵は、秋田の若者だったかもしれない。そう思った瞬間、戦争は一気に現実のこととして実感できるようになりました。様々な土地で出会った人びとが、ぽつりぽつりと語ってくれた戦争の記憶が、私の中で一本の線につながった瞬間でした。

私は戦争を知りません。ですが、関わってきた人たちの記憶が、自分の中でつながるという経験をしたことで、それぞれの記憶と自分との接点ができたのです。記憶を聞き、語る人びとと関係を築くことで、自分なりに戦争とのつながりを実感できるようになったともいえます。そしてフィリピンの人たちが私に語ってくれたように、今度は私が秋田の人たちの戦争の記憶を遺したいと思うようになりました。これが本書の出発点です。私は大学教員という仕事をしていますが、本書は学術書ではありません。戦争を知らない世代の一個人として、秋田の戦争の記憶を聞き、書き遺すことで、次の世代に記憶をつなぐことを目的にしています。すべての方々に向けて書いていますが、とくに若い世代の方に読んでもらいたいと願っています。

Iでは、秋田市の語り部の会六人の戦争の記憶を紹介しています。語り手たちは、今は秋田市に住んでいますが、異なる場所に生まれ、幼少期を過ごした方もいます。戦争当時は、中学生から生まれて間もない方まで年齢差はありますが、みんな子どもでした。戦争で父親を亡くした方が大半で、唯一、帰国された方も、シベリア抑留という辛い経験をされました。子どもであった語り手たちの記憶の中に、父親はあまり登場しません。出征していたり、記憶が残る前に戦死されていたりするからです。むしろ残された家族の人生、とくに子どもたちが、戦中戦後をどう生きたのか、母親がいかに家庭を支えたかが伝わってきます。個人が記憶を語ることで描ける、戦中戦後のリアリティーがあると思います。戦中戦後を生きた同時代に共通する経験とともに、それぞれの人生がいかに多様であるかを、読者のみなさんに知っていただきたいと思っています。

本書には、もう一つテーマがあります。それは、次世代の記憶の継承です。とはいえ、どのように記憶を継承すべきか、その方法を示そうとするものではありません。戦争を知らない世代が戦争の記憶と出会う時、自分の現状との大きな違いに戸惑い、語り手の状況を想像したり共感したりすることが難しい場合もあります。そこには、私自身がフィリピンで経験してきたように、世代だけでなく、立場の違いによる困難さも含まれます。本書では、次世代が記憶を受け止める難しさを紹介したうえで、世代や立場を乗り越えて記憶を受け止めようとする取り組みを通して、未来に向けて他者と関係を構築していくヒントを探したいと思います。

そこでⅡは、「記憶を受け止める」と題して、次世代の反応や取り組みを紹介します。まず、私自身のフィリピンでの戦争の記憶との出会いを始まりに、私の学生たちが戦争の記憶を聞いた時の受け止め方を紹介します。フィリピンと秋田の戦争の記憶が私の中でつながってから、私も記憶の継承に向けて取り組みを始めました。それは、大学の授業の一環として、秋田の方々に戦争の記憶を学生(日本人学生・留学生)に語ってもらい、学生と語り手の間で意見交換を行うというものでした。学生たちからは、あまりにも現在と異なる経験を聞き、戸惑いや混乱する声も多く聞かれました。ここから、戦争の記憶を受け止める難しさが、分かると思います。

授業を続けていた二〇一七年、本書の語り手の一人、齊藤信夫さんのお父様の日章旗が、アメリカから返還されることになりました。信夫さんのお父様は、終戦直前にフィリピンで亡くなったため、遺骨も遺品も戻ることはありませんでした。六十九年の時を経て、元米兵の家族から遺品である日章旗が返還されたのです。仲介したのは、OBON SOCIETYという米国のNPOでした。なぜこんな奇跡が起きたのか知りたくて、二〇一九年、私はOBON SOCIETYに会いに行きました。次世代は、本当に戦争の記憶を受け止められるのか。そして記憶の継承の意味とは何か。私や学生たちの疑問に、日章旗返還活動は一つのヒントをくれたように感じています。Ⅱの後半は、このOBON SOCIETYの活動を通して、次世代だからこそできる、戦争の記憶との向き合い方を考えたいと思います。

繰り返しになりますが、本当に人生は不思議です。戦争に無知・無関心であった私が、他者の記憶を聞き、そこから様々なことを感じたり考えたりする中で、少しずつ行動し、本書を通して記憶を伝える側になりました。語り手が多様であるように、聞き手によって記憶の受け止め方は異なると思います。書名の記憶を未来へつなぐとは、本書を通して、他者の人生に触れた読者ひとりひとりが、それぞれに感じたり、考えたりして、自分なりの気づきや学びを得ていってほしいという意味です。

表紙を彩るヒマワリは、Ⅰに登場する齊藤キミ子さんが、ご自宅で採取し、作成してくれた押し花です。キミ子さんのお父様は、戦後シベリアに抑留され、十年後に家族のもとに帰ることができました。東京都新宿区にある平和記念資料館には、シベリア抑留者が抑留中に身近な草花で作った押し花が展示されています。私にはその押し花が、生きた証のように思えました。表紙を飾るヒマワリの押し花のように、本書が時空を超えて、戦中戦後を生きた秋田の人びとの証として、次世代へ伝わることで、戦争について考える一助になることができれば幸いです。

Ⅰ．記憶を語る

1．だから私は語り部になった

伊藤　薫　氏

（いとう　かおる）

写真1．家族写真
（右から父堅治、薫、姉カズ、母ミネ）

略歴
1934（昭和9）年秋田県秋田市生まれ。秋田市在住。
父堅治、母ミネ、姉カズの4人家族。
5歳の時、父親が日中戦争で亡くなる。小学5年生で終戦。
秋田南高等学校（現 秋田高校）、玉川大学を卒業し、秋田で中学校教員になる。
秋田市立中通小学校校長を定年退職後、秋田市教育委員を務めた。
現在、秋田県教育協会会長、秋田県遺族連合会副会長、秋田市遺族会会長、
秋田市戦没者遺児の会会長、秋田市戦没者遺児語り部の会代表として活動。

私が伊藤薫さんと初めてお会いしたのは、二〇一六年でした。本書に登場される齊藤信夫さん（六十八ページ）に、私の大学の授業で、戦争体験をお話しいただいた際、参加してくださいました。それ以来、いつお会いしても、きっちりとしたスーツ姿に、穏やかで紳士的な印象は変わりません。ですが、秋田市語り部の会は、伊藤さんの地道な活動から生まれたことから（付録①）、柔らかな物腰の奥にある強い意志と愛情も感じます。なぜ、伊藤薫さんは語り部となり、語り部の会を組織することになったのか。私はどうしても、その背景にある、伊藤さんの人生を知りたくなりました。

椙本　すてきな家族写真ですね（写真１）。お父様が出征された時、伊藤さんはまだ小さかったんですね。

伊藤　父が召集された時、私は五歳。でも出兵の時のことは、非常に記憶に残っています。父が弘前に入隊する時、親戚の者がみんな、駅まで行列つくって送って行くんです。武運長久[*1]を祈るのぼりを立てて、本人は襷《たすき》をかけて行くんですよ（写真２）。

それで、頭に残っているのが、「お土産に三輪車買ってきてくれ」って、私言ったんです。戦地へ行くのにね、お土産買ってくるわけないでしょ。でもね、「何欲しい」って父が言うから、「三輪車買ってきてくれ」って（笑）。父は、やっぱり子どもかわいさに、何かお土産を買ってきてあげたいって思ったんでしょうね。「お土産に三輪車を買ってくるからね」と言い残したまま、父は帰らぬ人となりました。

椙本　息子との約束とともに、出征されたんですね。妻と幼い子ども二人を残して。

伊藤　残された家族は、戦争で働く人がいなくなるでしょ。だから支那事変行賞賜金国庫債券[*2]というお金が来ていたんです（写真３）。天子（天皇）からの債券二百八十円を、毎月一つずつ切って、銀行に持って行って、お金をもらって、それで生活したんです。これは戦争に行っている間の賞与で、父が戦死すると、それとは別に千百円もらいました。今の価値にすると五百万円くらいでしょうか。命の価値がそんなものかと、悔しくなります。ただ、日中戦争は勝ち戦ですから、父の遺品は全部戻ってきたんです（写真４）。

＊１　武運長久（ぶうんちょうきゅう）：戦いでの勝敗の運が長く続くこと。

＊２　支那事変行賞賜金国庫債券（しなじへんこうしょうしきんこっこさいけん）：大日本帝国政府が支那事変（日中戦争）に従軍した兵士に対して、行賞の品として与えた債券。

写真２．父の出征時の襷をかける伊藤さん

写真３．父の支那事変行賞賜金国庫債券（右下は切ってあり、当時使ったことが分かる）

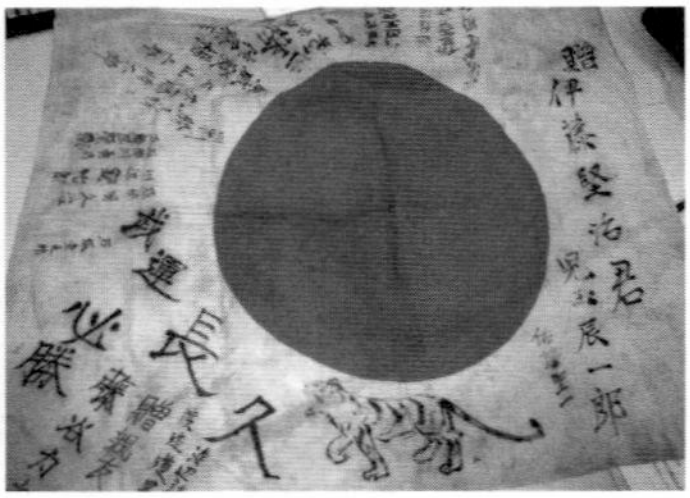

写真4．父の遺品の日章旗

椙本　お父様が戦死されて、お母様は大変だったんじゃないですか。

伊藤　二十代で夫を亡くした母は、私と姉を育てるために、それは働きました。太平洋戦争になって、たくさん男性が徴兵されて、男手が足りなくなって、それで女性が駆り出されたんです。母はまず下水道の工夫をしました（写真5）。その後、一九四三年と四四年、秋田郵便局の臨時職員になったんです（写真6、7）。母はそろばんをやったことがなかったのに、郵便局に行ってからやったんです。姉も国鉄に駆り出されました。私はカギっ子になって、夕食の炊事をして、母や姉の遅い帰りを待ちました。

椙本　戦争中、伊藤さんは小学生ですよね。どんな学校生活だったんですか。

伊藤　太平洋戦争が始まったのは小学校に入学した年でした。今では、想像もつかないような学校教育、そういう時代でしたね。

まず校門をくぐると、どこの学校にもあったのが奉安殿[*3]。土蔵のような重厚な建物の中に、天皇皇后両陛下の写真と教育勅語[*4]が安置されていました。登下校でこの前を通る時は、素通りできない。最敬礼をしなければならなかった。たまにやんちゃ坊主がいて、拝礼しないで通ったのが先生に見つかって、ゲンコツをもらっていましたよ。当時、天皇は現人神[*5]として崇拝されていたんです。

椙本　学校の入口から、今とはまったく違いますね。校内の様子はどうでしたか。

伊藤　これは、小学校の卒業写真です（写真8）。最前列のように、男性教員はゲートル[*6]を巻いていました。写真の左端に「誓って米英を粉砕す」と書いてありますけれど、これが本当に大事なスローガンの一つでした。当時は毎朝、体育館に集められて朝礼が

＊3　**奉安殿（ほうあんでん）**：御真影（宮内省から下付された天皇・皇后の写真）や教育勅語謄本などをおさめるために、学校につくられた施設。1920年代後半から1930年にかけて普及。

＊4　**教育勅語（きょういくちょくご）**：明治天皇の名で国民道徳の根源、国民教育の基本理念を示した勅語。1890年発布、1948年失効。

＊5　**現人神（あらひとがみ）**：この世に人間の姿をして現れた神という意味で、天皇の称。

＊6　**ゲートル**：厚地の木綿・麻・ラシャ・革製ですねを包む服装品。

写真5. 下水道の工夫仲間と母（後列左端）

写真7. 郵便局員の母（前列右端）

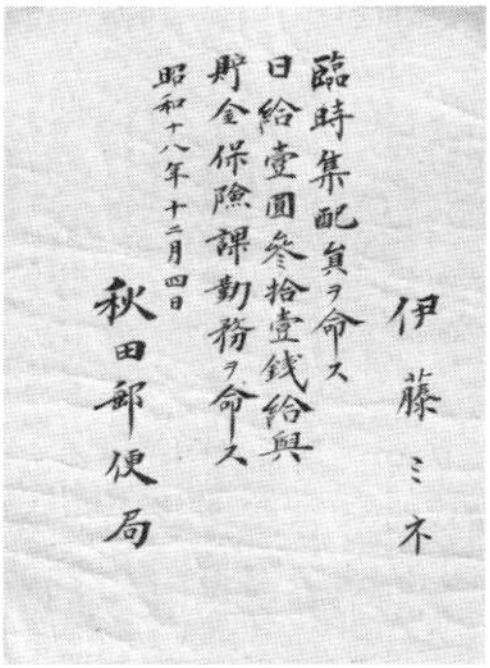

伊藤ミネ
臨時集配員ヲ命ス
日給壹圓参拾壹銭給與
貯金保険課勤務ヲ命ス
昭和十八年十二月四日
秋田郵便局

写真6. 秋田郵便局からの辞令

写真8. 広面小学校卒業写真
（『校舎落成創立100周年記念誌』より）

ありました。校長先生のお話が終わると、若い男性教員がステージに上がって、「誓って米英を粉砕す」と大きな声で叫んだ後、私たち児童は復唱させられました。体育館がわれんばかりの大声で。声が小さいと、何回もやり直しさせられる。勉強よりも、みんなで敵をやっつけなきゃいけないということを植え付ける。毎日のように続けられると、常にこのことだけ思って日々過ごすようになっていました。頭の中を洗脳しようとしたんでしょうね。

椙本　学校教育での洗脳ですか。他にも記憶にありますか。

伊藤　それから、太平洋戦争が始まった十二月八日は、大詔奉戴日[*7]とされて、戦勝祈願をしました。昔の十二月は、もっと雪が多くて真冬の感じで。それなのにこの日は、校長をはじめ全職員と全校児童が、裸足になってハチマキをして、「わっしょい、わっしょい」と言って、広面小学校から太平山三吉神社まで行ったんです。戦いに勝って、兵士が無事に帰還するようお祈りしたのです。当時は児童ですから、すべて先生の言う通り何でも行動しました。全国的にやったということは、大人になってから知りました。

椙本　子どもたちが裸足で雪の上を歩いたなんて…。授業はどうでしたか。

伊藤　一番印象にあるのは、歴史の授業で、とにかく暗記をさせられたことです。神武天皇から、歴代の天皇の名前を何人言えるか。教育勅語の暗唱も毎回もありました。当時は、何を言っているのか分からなかったけれど、「とにかく暗記せい」と言われるんです。暗記しないと怒られる。叩かれるものですから。夢中になって全部覚えました。

＊7　大詔奉戴日（たいしょうほうたいび）：日中戦争下において興亜奉公日として、国民精神総動員運動の一環で、生活規制・戦意高揚がはかられた日。１９３９年９月１日から毎月１日に設定。太平洋戦争開始後の１９４２年１月から大詔奉戴日となり、毎月８日に変更された。

恐ろしいのが、この頃に教えこまれたものが、八十歳すぎた今でもまだ言えることですよ。教育って恐ろしいですよね。

椙本　ものすごい緊張感の中で、子どもたちは必死に覚えたんですね。他の教科も、今とは違ったんでしょうか。

伊藤　そうですね。国語の作文では、戦地の兵隊さん宛ての手紙を書かせられました。先生が、「戦地の兵隊さんを元気づけるために作文を書きなさい」と言って。その手紙は慰問袋*8に入れられて、戦地へ送られますが、手紙の他にキャラメルなどの好物も少々入れることができました。

私の父は日中戦争でもう亡くなっていましたから、中国に出征していた隣の家の児玉辰一郎さんに手紙を書いたら、返信がきたんですよ（写真9）。「かおる君元気に通学しておりますか。お母さんの言いつけをよく守るんですよ。僕も一生懸命に頑張ります。」その次に、「君のお父さんの仇討ちをする」って書いてある。殺すってことですが、子どもにも言う言葉だった。ハガキには、検閲済みの赤い押印がされています。内容が軍規を乱すものでなければ届くが、そうでないと没収された。当時、言論の自由は認められなかったということですね。

椙本　秋田の子どもたちも、戦場と直接つながっていたんですね。

伊藤　さらに体育は竹槍《やり》の訓練でした。この時は、必ずと言っていい

＊8　**慰問袋（いもんぶくろ）**：国内から出征兵士などを慰めるための品々を入れて送る袋。中には、お守りや靴下、席巻などの日用品、たばこなどの娯楽物、激励の手紙などが入れられた。

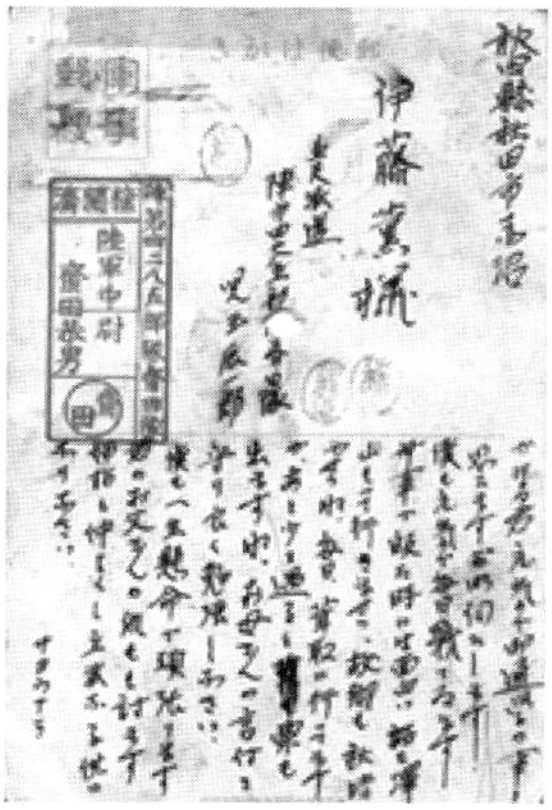

写真9．児玉さんからの返信ハガキ

ほど、先生のそばに長い刀をさげた軍人が立っていました。グラウンドの奥にずーっと、二、三体、米英兵を想定した藁《わら》人形があって、軍人が「すすめー」と号令をかけると、その竹槍を持って「わー」と言いながら走って藁人形を突き刺す。殺人指導ですね。

体育には、よく手旗信号もやらされましたね。海軍は手旗信号で連絡しないといけない。そういうのは面白いんですよ。私は勝手に海軍に行くつもりでした。白い服を着て剣をさげて、七つボタンとかって、そういう服装に憧れるんだよね。

それから、空襲の避難訓練もありました。今の避難訓練は、地震や火災を想定したもの。でも当時は、空襲による爆弾から身を守るにはどうすればいいのか、という訓練でした。これが体育ですから、なんにも面白くないですよね。でも命を守るということですから、結局、大事であったと思います。

榾本　体育は、より実践的な戦争の訓練だったんですね。食事はどうでしたか。

伊藤　学校では月に一、二回、日の丸弁当の日[*9]がありました。先生に「明日は日の丸弁当の日ですよ」と言われると、おかずを持って行くことはできません。白いご飯に梅干し一個です。食糧不足だったのと、「戦地の兵隊の苦労を思って自分たちも頑張るんだよ、我慢するんだよ」ということでした。

ところが必ず一人か二人、裕福な子は、おかずを持って来るんですよ。そうすると先生が没収します。あの没収したもの、いつも子ども心に不思議で。「先生、なげる(捨てる)んでなくて、食うんでないか」と、子ども同士でささやきあった。食べ物がない時代ですから、恨み辛みになりますよね。

＊9　**日の丸弁当(ひのまるべんとう)**：ご飯の真ん中に梅干しを入れた弁当。見た目が日の丸の旗に似ていることから。

椙本　先生への不信感につながりますね。みんなが食べる物に苦労していた時ですから。

伊藤　終戦近くになると、授業で開墾もしました。今の秋田大学の場所は、歩兵第十七連隊[*10]の練兵場でした。食糧難で練兵場を畑にしたんです。私は大豆を植えました。子ども心に、「兵隊さんの練習する場所まで、畑にして食料を作らなければならない。日本は、よほどのところまで来ているんじゃないか」と思いましたよ。でもそんなことは言えないし。とにかく一生懸命、言われた通りに、カゴを背負って大豆を植えました。

それから松根油[*11]の採集もしました。全部、軍事用に使う。これもね、「松の木で油つくって、戦争の材料にしなきゃいけないなんていうことになるとは、どういうことかな」と本当に疑問だらけでした。けれども、これまたやっぱり一言も言えないで、そのまま行動しました。

椙本　学校だけでなく、日常生活も大変だったんじゃないですか。

伊藤　戦争は家庭生活も変えました。一番困ったのは、灯火管制[*12]ですね。暗い時には電灯が必要ですが、その光が外にもれると、敵機が飛来してきた時に爆撃の標的になる。それを恐れて白熱電球に青色を塗ったり、布やボール紙で作った円筒形のカバーをかけたりして光のもれを防ぎました。電灯というのは明るくするためにあるものなのに、わざわざ暗くした。針の穴ほどでも光がもれていると、町内の班長さんが、ドンドンドンと戸を叩くんです。「あなた光がもれていますよ」と、ものすごく怒られました。光があたるのはごく小さなスペースでしたから、本や新聞も十分に見ることはできません。まして家で勉強するなんて、とてもじゃないけどできなかったですね。

***10　歩兵第十七連隊（ほへいだいじゅうしちれんたい）**：旧陸軍の秋田の郷土部隊。1885（明治18）年、仙台第2師団歩兵第17連隊として創設され、1898年秋田の兵舎に移り郷土部隊となった。日清・日露戦争に参加。とくに日露戦争では1905（明治38）年、黒溝台の激戦で274人の戦死者を出した。日中戦争では、満州に動員され、太平洋戦争で1944（昭和19）年に南方戦線に移され、フィリピンで終戦を迎えた。秋田市中通4丁目に「歩兵第十七連隊跡」の碑がある。

***11　松根油（しょうこんゆ）**：松の根株または枝を乾留して得る油。太平洋戦争中、日本で航空燃料の原料とした。

***12　灯火管制（とうかかんせい）**：夜間、敵機の来襲に備えて、減光・遮光・消灯をすること。

写真10．赤沼町内会の金属拠出の様子

椙本　家の中も、制約されていたんですね。

伊藤　他にも金属の拠出というのがありました（写真10）。今の子どもに話すと廃品回収かと聞かれますけど、生活必需品を出しました。ロウソク立て、アイロン、むし釜、コテ、鍋とか、日常生活で使用する金属はなるべく少なくして、代用できるものはそれを使って、一つでも多く拠出するように言われました。神社や寺の釣り鐘も持って行かれました。代わりに、陶製のアイロンや竹製のヘルメットがあったり。私は、段ボールを樹脂で固めた紙製のランドセルを背負って学校に行きました。

椙本　そうして、終戦に向かっていくんですね。

伊藤　終戦の前日、土崎空襲[*13]がありました。秋田市では、八月十三日に墓参りの風習があって、十四日がお盆休み。親戚同士の交流や実家への帰省者がある日です。そんな夜、けたたましい空襲警報のサイレンのもと、B29が来て、多くの人びとが犠牲になりました。「なんで一日早く戦争が終わらなかったのかな」と、子ども心にそう思いました。

空襲というのは言葉で聞いておった。でもこれほど怖いものだということは、土崎空襲で体験しました。空襲は土崎で離れていたけれど、なんという爆弾の破裂音というか、「あー、戦争というのはこういうものなんだ」という恐ろしさを、身をもって感じました。たしかあの夜は、星空だった。不思議なことに、途中で雨みたいなものが降ってきたんですよね。そしたら親たちが、「日本は神の国だから、今、雨を降らして、飛行機をおっぱらうんだよ」と言うんですよ。子ども心に「なんとありがたいものだ。神の国とは

＊13　土崎空襲（つちざきくうしゅう）：１９４５年８月14日午後10時38分、米軍Ｂ29爆撃機１３２機が秋田市上空に来襲し、土崎港にあった日本石油製油所を中心に1万２０００発を超える爆弾を投下した。爆撃は４時間続き、爆撃を受けた製油所はその後、「３日間くすぶり続けた。民間人や兵士ら、約２５０人が死亡した。

こういうことか」と思っておりました。手形山の林の中に逃げたんですが、空襲が終わって夜が明けて、かぶっていた布団を見たら、(雨ではなくて)全部油でしたね。

椙本　土崎から離れていたけれど、空襲の恐ろしさはしっかり体に焼きついている。そしてその翌日、終戦の知らせがあったんですね。

伊藤　はい。八月十五日、この日は実に暑かった。「正午に、天皇陛下の非常に大事な放送があるから聞きなさい」と言われたので、ラジオがある母の実家へ行ったら、そこには何人かの大人が集まっていました。三球ラジオ受信機は雑音ばかりで、小学五年生の私には何を言っているのか分かりませんでした。ただ大人の中には、放送を聞きながら血相を変えて泣き出す人もいて、「これは大変なことが起こったんだな」と実感しました。それで、日本は負けて、戦争は終わったということを知ることができました。「あー、おれ兵隊さ行かなくてもいいな」と子どもながらに思いましたよ。海軍を希望していながら、でもやっぱり本心は違ったっていうところありますよ。それは忘れませんね。

椙本　玉音放送を聞いて、少しほっとされたんですね。

伊藤　でも玉音放送の時に、「進駐軍*14が日本に上陸すれば、女性や子どもをみんなさらって行くよ」という大人たちのささやき声を耳にして、ものすごい恐怖に襲われました。その後、恐々と進駐軍を見た思いが、いまだに記憶に残っています。この恐怖が現実と一致したことがあるんです。うちは手形山の裾野で、周りは林なんです。ある時、五、六人の兵隊さんが、銃を持ってガムを噛み、英語を話しながら上がって来たんです。怖いから、全部戸を閉めて、節穴から見ていたら、家々で飼っているニワトリとか野生のカ

＊14 **進駐軍(しんちゅうぐん)**：第二次世界大戦後、日本を占領した連合国の軍隊。

ラスを鉄砲で撃って、持って行った。ああいう場面を見た時は怖かったなぁ。

椙本　秋田にも進駐軍が来ていたんですか。

伊藤　手形にある今の秋田大学は当時、旧制秋田中学で、その校舎が進駐軍に接収されたんです。そのそばに私が通う手形中学があったから、その前を通って行かないといけない。そうするとグラウンドに天幕みたいなシートを張って、兵隊さんがドラム缶風呂さ入ってるの。私ら外国人って見たことないから、のぞきに行くんですよ（笑）。

それから兵隊さんがジープで移動している時に、私たち子どもを見つけて「ハロー」って。私たち英語は分からなかったけど、適当な言葉で「おー」って感じで答えると、キャラメルとかガムとかポンと置いていく。もらった人同士、喧嘩《けんか》したりなんかしてましたね。

椙本　戦争が終わって、何が変わりましたか。

伊藤　戦争中は、男女六歳にして席を同じくしてはならないということで、男子は竹組、女子は松組といった呼び名で分けられていました。終戦とともに男女平等ということで男女共学制になり、隣の席に女子が座って一緒に学習するようになりました。最初は互いに違和感があって、大変な思いをしました。

学校にはGHQの教育担当者が来るので、それまでに使っていた国定教科書の多くを墨で塗りつぶす作業をさせられました。私は姉が使った教科書を使っていました。それまで先生は、「教科書を大事にせよ」と言ってきたのに、今後は、「墨を持ってきて塗れ」と言うんです。全然分かりませんでしたね。こんなに大事にしてきた教科書に、なぜ墨を塗らなきゃいけないのか。でも新しい教科書がないので、一九四五年と四六年にわたっ

＊15　**墨塗り教科書（くろぬりきょうかしょ）**：第二次世界大戦直後、占領軍の指示などによって、国民学校・中学校・青年学校等の教科書の中で、軍国主義・侵略戦争・天皇制・国家神道に関する部分に、墨を塗ったもの。

て墨塗り教科書*15を使いました。

椙本　民主化で教育が百八十度変わって、子どもたちにもいろいろな戸惑いがあったんですね。

伊藤　でも、学校給食が始まって、戦後直後は脱脂粉乳*16一つでしたけど、これがおいしかったんですよ。ものすごくおいしかった。戦争中、砂糖なんて贅沢品で食べられなかった。砂糖の味を知らなかった私たちには、脱脂粉乳はとてもおいしくて、何回もお代わりする人もいた。今でも脱脂粉乳は飲んでみたいなと思っています。

椙本　では、終戦で生活も改善していったんでしょうか。

伊藤　いえ実は、戦中戦後で私が一番苦しかったのは、戦後の混乱期。一九四五年から五二年のサンフランシスコ講和条約が発効されるまで。これが一番苦しかった。当時、私は新制中学の一、二年生です。ものを一番食べなきゃいけない、知識も一番頭に残るだろう若い時を、戦後の混乱した世の中で生きてきました。

椙本　戦中より戦後の方が苦しかったとは、どういうことでしょうか。

伊藤　終戦と同時に引揚者がどっと戻ってきて、母や姉は勤務先を解雇されたんです。働きたいし、働かなきゃお金もないのに。

うちの町内は、花の行商をしました(写真11)。「おはな、はなー、はなー」と言って売って歩く。私も母と山や川に採りに行きました。春には室咲きと言って土壁で室をつくるんです。その中に、ネコヤナギとか桜のつぼみの枝を切ってきて、

＊16　脱脂粉乳（だっしふんにゅう）：脱脂乳を濃縮・乾燥して粉末状にしたもの。スキムミルク。

写真11．花売りをする母（中央）

水槽に入れて、真ん中に炭火をおこして蒸れるようにすると、自然の開花より早く咲く。それを売るんです。小正月は紙で造花をつくったり、夏にはお盆花としてキキョウやオミナエシを山に採りに行ったりしました。中学高校時代はこういう手伝いをして、生活の糧にしましたね。

姉は中学を終わって、国鉄に勤めていたけれど、戦後、首切られたわけでしょ。退職金でシンガーミシンというドイツ製のミシンを買って、衣服の仕立て業をやったんだな。当時、乗馬用のズボンがはやって、それをつくって売っていました。私もよく見てました。

椙本　戦後、食べる物はどうだったんでしょうか。

伊藤　食糧の確保がもっともつらかった。うちのような非農家は、食べるものがなくて、まぁ大変でした。それで買い出し列車に乗って、物々交換に行きました。買い出し列車は、とにかく大混雑です。兵隊さんはもちろん、海外で生活してた人たちも引き揚げて来たもんですから。多くの人が客車からはみだして、屋根の上にまたがったり、無蓋《むがい》車にも多くの人が乗り込んでいました。トンネルを抜けるのが大変で。ありがたいことに、トンネルの前に来ると、必ず汽笛をポーって鳴らすんです。「わー、トンネルだ」ってことでね、全員ばだーっと伏せるんです。トンネルをくぐり抜けて、顔を上げるとみんなで大笑いする。当時は石炭の蒸気機関車ですから、みんな黒い顔になっちゃう(笑)。そんなふうに命をかけて食べ物を求めるという、そういう時代でしたね。

椙本　買い出しはどこに行っていたんですか。

伊藤　弘前の川部駅近くの果樹園にジャガイモ畑があって、母とリュックを背負って、わざわざ列車に乗って行きました。米がないから、ジャガイモをご飯に混ぜてかさましするためです。県内だと、矢島線に乗って、駅から笹子集落まで歩いてよく行きました。母が嫁に来た時、一回袖を通したことがあるかないかの、樟脳《しょうのう》の匂いのぷんぷんするような着物を背負ってね、「米と替えてくれ」と各家に見せて、米と交換していただきました。米一斗は背負えなかったかな。十キロとか、リュックに入れて背負ってきました。

椙本　秋田市内にも農家はいたと思うんですけど、遠方に行かないといけないくらい、米がなかったんですか。

伊藤　近郊の農家も、むこうからすれば来てもよかったのかもしれないですけれど。やっぱり秋田市周辺の農家の方と山間部の農家の方では、格差があったと思います。秋田市周辺の農家は、比較的衣類は持っていたようですし。それと近郊農家には、顔見知りの方も多いから、母はその人たちに親としての弱み(困窮状態)を知られたくなかったのではないかと思います。親として意地でも行きたくなかったと思うんですよ。でも私と姉と二人おりましたんで、子どもを育てないといけないという親の気持ちもあったでしょう。そういうのが今、非常に胸を打ちますね。本当にありがたかったなと思います。

椙本　伊藤さん自身も、お母様を支えながら、学校を卒業されたんでしょうか。

伊藤　中学までは義務教育だったけれど、高校は授業料を払わなきゃいけない。だから私が高校進学を希望した時、周囲は反対しました。「どこかに就職するのが一番いい」と勧められて。当時、大湊に電気通信学園という給費制の学校があって、就職も百パーセント保障というところを受験したんです。手形中学で合格したのは私一人で、親戚みんなが行くのを勧めたんです。とくに母の実家の嫁が、かなり勧めた。結局、母が経済的に困ると実家に功徳に行くから。でも母だけは、「どんなことがあっても、おれじぇんこ（お金）出すから、高校さ受けてみろ」と、進学に賛成してくれました。日本育英会から奨学金をもらって高校に行けました。成績が悪いとすぐ奨学金を止められてしまうから、一生懸命勉強しましたよ。それで高校は卒業できました。

椙本　周囲が反対する中、お母様だけは高校進学を応援してくださったんですね。

伊藤　でもこれ以上の進学は無理だと考えて、卒業後は銀行に就職の希望を出しました。筆記試験に合格した人が、面接に進みます。私は面接に呼ばれましたが、「父親のいない人は採用できない」ってそこで言われて。本人の意思に反してね、赤紙でね、父親は連れて行かれたって頭があるもんですから。あの時ほど、怒りを覚えたことはなかったです。

椙本　戦争中は出征者を英雄のように見送ったのに、戦後は遺児に対する社会的な差別があったというのは、おかしいと思います。

伊藤　それで、大学進学を決意して。大学で教員の資格をとりました。秋田東中学校に十一年間勤めて、その後、教育委員会におった時に、指導主事を七年間やったんです。ここで姉のミシンが、大変役に立ったんです。私の専門は家庭科なんです。技術を持っていないと、ミシン業界の人を呼んで来て講習をするんです。でも私は姉を見ていて自分でできるものですから、学校を周って女の先生方を前にして実演すると、先生方がびっくりしておりました（笑）。姉のおかげです。

椙本　最後に、語り部として次世代へメッセージはありますか。

伊藤　戦中戦後、つまり小学校時代から一番困った中学高校までの体験から、歴史を伝えることで、とくに子どもたちには、自分たちが置かれている学校生活や家庭生活と比較してほしいです。今日がどうなのか。幸なのか不幸なのか。そして不戦や平和を願うのであれば、自分たちは将来どのようなことをしなければならないのか、考えてほしいです。

相手の考え方とか生活習慣とか、いろんなものをトータルで知りうることがないから、争いが起きると思うのです。個人の争いが大きくなるのが、戦争です。外国の人たちと一緒になる機会があったら、積極的に声掛けをして、身近なところから交流を深めてほしいです。

2. 子どもたちの日常

鎌田　弘 氏
（かまた　ひろし）

写真12．家族写真（左側5人は叔父家族）

略歴
1937（昭和12）年秋田市生まれ。秋田市在住。
父貞蔵、母ツヤ、13人兄弟姉妹の15人家族。
18歳上の兄がニューギニアで戦死。
秋田市立広面小学校、手形中学校（現 東中学校）、秋田工業高校を卒業後、
秋田市役所に就職、定年退職。

戦争は非人道的で悲惨なものです。それを痛感するような記憶が、本書にはたくさんあります。他方で、そのような日常にも、人間的な暮らしがあったことを、私たちは忘れてはいけません。鎌田弘さんには、戦中戦後の苦境の中にも、人と人との温かな触れ合いがあったという記憶があります。秋田の戦争を、違った視点から考える大切さを、鎌田さんは私たちに教えてくれます。

鎌田　私自身が遺族会に入ってから、まだ五年目です。私の十八歳上の兄が戦死したため、これまで父や兄が遺族会に入っておりましたが、みんな高齢化

図1．終戦の年の鎌田家

鎌田貞蔵 ＝ 鎌田ツヤ

- 長女　テルヲ　31歳　結婚
- 長男　庫一　（病死）
- 次男　庫之助　（病死）
- 三男　貞治郎　26歳　朝鮮で勤務
- 四男　秀三郎　（前年に24歳で戦死）
- 次女　サダヲ　（病死）
- 三女　ノブヲ　21歳　秋田放送局に勤務
- 五男　孝吉　18歳　農業手伝い
- 四女　典子　（病死）
- 五女　貞子　18歳　高校生
- 六女　敏子　（病死）
- 六男　弘　8歳　小学生
- 七男　隆　5歳　就学前

写真13：戦死した秀三郎

していく中で、私が引き継ぐことになりました。秋田市遺族会が恒久平和を願い、戦中戦後の労苦を語る活動を十年以上続けていると知り、その趣旨に賛同して参加しました。

椙本　年の離れたお兄様がいらしたということですが、きょうだいは何人いらっしゃいますか。

鎌田　男七人、女六人の十三人（写真12、図1）。こんなにおりますとね、きょうだいの名前を全部は言えないくらいです。私は十二番目で、家族の中でほとんど存在感がありませんでした。ここ数年、遺族会の関係で、他のきょうだいとも話すようになりましたけど、それまで家族の中では静かな子でした。

大家族ですから、食事となれば、長いちゃぶ台に十数人が座ります。父親が横座（主人が座る席）で、上の子どもから座っていき、私は末席でした。食事中に味《み》噌《そ》汁をこぼしたりすると、親ではなく兄に叱られる。兄と弟ですごい年の差ですから。大正九年生まれの貞治郎という兄が、私の教育係でした。親と口を利くことなんかめったになくて。あるとすれば、叱られる時だけですよ。褒められるなんて、ほとんどなかったですから。

椙本　核家族が進んだ今とは、まったく違う家族のあり方があったんですね。ご家族の中で、戦死された秀三郎さんは、どのような存在でしたか。

鎌田　兄の秀三郎は、終戦の前年の六月四日に、二十四歳で西部ニューギニアで亡くなっています（写真13）。兄については、自宅の奥座敷で兵隊の帽子を

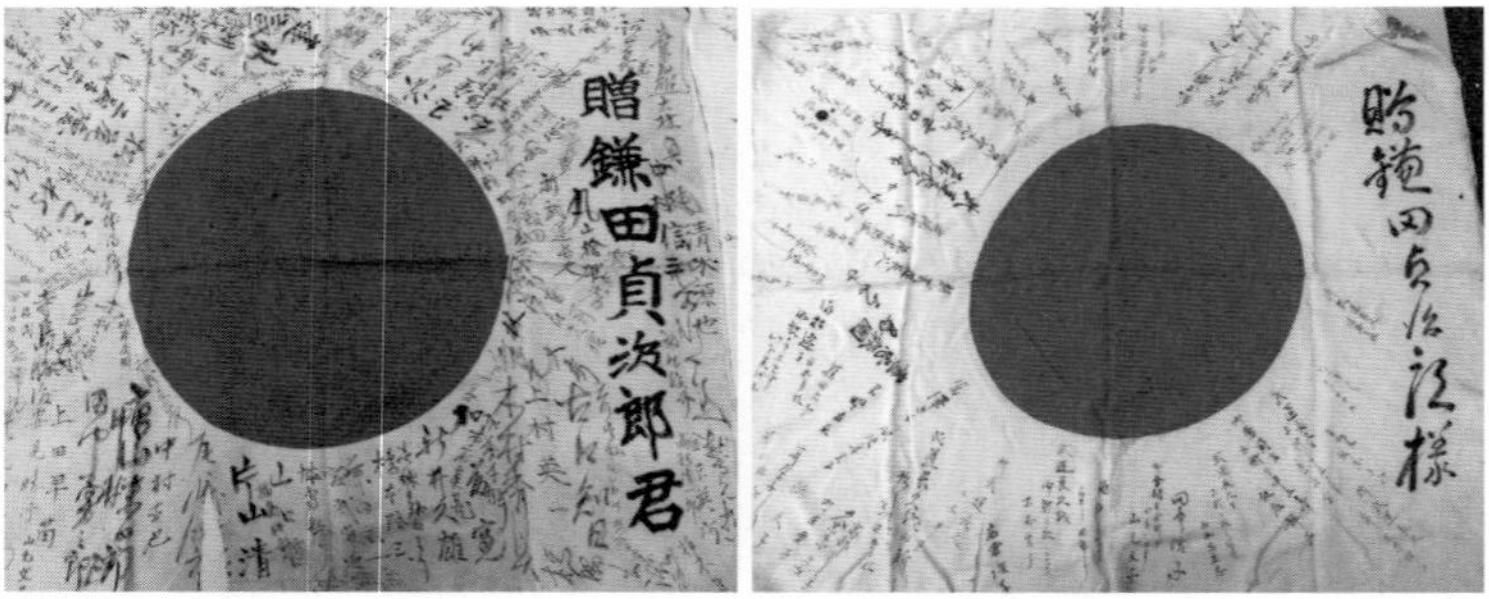

写真14．貞治郎の日章旗

かぶせられて、抱き上げてもらったことくらいしか覚えていません。年も離れていますから、とくに言葉を交わした記憶もありません。

　でも母親にとって秀三郎は、特別な存在だったようです。母は兄の温厚な性格を気に入っていたようで、鎌田家を守ってくれるのは、この兄だと思っていたのに戦死して。母は、がっくりきたと思います。

　秀三郎の遺骨を引き取る場所は、秋田市の妙覚寺でした。家から歩いて一時間はかかります。私の家は玄関を入ると広い土間があり、階段を三段くらい上がってから畳の部屋がありました。兄の遺骨が帰ってくると、その階段の途中で、泣き崩れている母の姿が目に焼きついています。下駄《げた》を脱げば、すぐ部屋に上がれるのに。ほんとうに言い表しがたい母の姿でした。家族はみんな骨箱をのぞいていたけど、私は子どもだったからのぞけなかった。後で聞いたら、遺骨は入っていなくて、石ころみたいのが入っていたそうです。

　母のあの悲しむ姿を思うと、日常生活を普通に送れることが平和だと思いますし、そのありがたさに、感謝の気持ちでいっぱいになります。

椙本　秀三郎さんは、家族の心の支えでもあったんですね。他のお兄さんも出兵されたのでしょうか。

鎌田　秀三郎の一つ上の兄で、私のしつけ係だった貞治郎も召集されました。貞治郎は、高等科を卒業した後、朝鮮で商船会社に勤めていました。その後召集されましたが、国内任務だったので戦地には行かなかった。この兄が持ち帰った日章

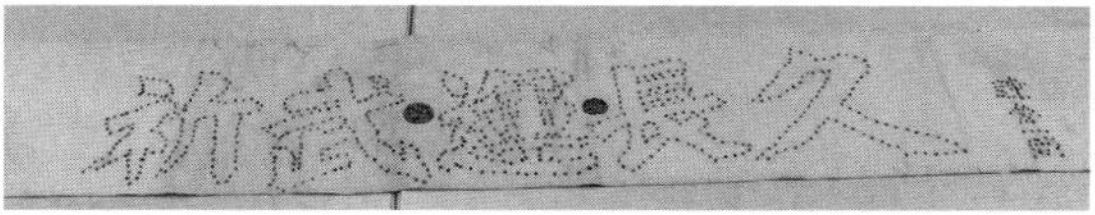

写真15. 貞治郎の千人針

＊17　千人針（せんにんばり）：一片の布に千人の女性が赤糸で一針ずつ縫って、千個の縫玉をつくり、出征の武運長久や安泰を祈願して贈ったもの。日清・日露戦争の頃始まり、初めは「トラは千里行って千里帰る」の言い伝えから、寅年生まれの女性千人によってつくられたといわれている。

旗や千人針[＊17]は取ってあります（写真14、15）。戦後、貞治郎は国鉄に就職して、家族の大黒柱になってくれたんです。私が高校に通えたのも、貞治郎や貞子という兄や姉が、家計を支えてくれたおかげです。

それから、父や兄が戦争中に使った帽子やゲートルも残っています（写真16、17）。かぶってみると、帽子は日よけにもならないですし、ゲートルはきつく巻くと動きづらいですね。

椙本　どれも七十年以上たったと思えないくらい、きれいに残っていますね。ご家族の中で、戦争について話すことはあったんでしょうか。

鎌田　いいえ。家族の中で戦争については、あまり話さなかったです。しかも私は子どもで、大家族の末席ですから、そういう会話があったとしても、その中には入っていなかった。秀三郎が戦地から家族に送ったハガキなどもたくさんあったんですが、家の建て替えで処分してしまったもの多くて。当時は保管するなど考えもしませんでしたが、一枚でも残しておけばよかったと思います。

そんな私が、戦争を語ることにしたのは、当時の子どもたちが一体どういう風に生きたのか、それを伝えたいと思ったからです。

椙本　終戦の時、鎌田さんは七歳でしたが、どのような記憶がありますか。

鎌田　玉音放送はよく覚えています。私は夏休み中で、近所の上級生の家のまわりを走り回っておったところを集められて、ラジオの前に正座させられたんです。天皇陛下のお声なんて、私たち聞いたことありません。ザーザー雑音がして、時々声が聞こえるけれど、話は何も分からないまま放送は終わりました。

写真16．戦中に使った帽子

大人たちががっかりした顔をしていたので、「なしてこうなった」と聞いたら、「戦争終わったんだ、負けたんだ」と小さな声で知らされました。まだ小学二年生で何も分からないのに、ほっとしたことを覚えています。それから、防空頭巾をもう持ち歩かなくていいなと思いました。

椙本　いつも防空頭巾を持ち歩いていたんですか。

鎌田　防空頭巾は、学校で警報が発令された時に使うために持ち歩いていました。終戦の前夜に土崎空襲がありまして。B29のゴーっという爆音が、まだ耳に残っている感じ。低空飛行でしたから、ただの音じゃない。生きた心地がしなかった。

椙本　土崎空襲の時は、どこに避難されたんですか。

鎌田　川向かいの杉林に逃げました。市街地には防空壕がありましたが、私たちの地域にはありませんでした。灯火管制で暗い中、太平川にかかった木の橋を渡ったんです。ほんとうに怖い思いをしました。轟《ごう》音と照明弾の異常な明るさは、まるで自分たちを狙っているように思えて、生きた心地がしませんでした。大人たちはこの時の明るさを「落とした縫い針が見えるくらいだった」と言ったもんです。

椙本　土崎空襲の音と明るさが、体に残っている。そのくらい恐ろしい経験だったんですね。

鎌田　それから食糧不足、金不足、物不足という生活苦は、みんなありました。私の家は農家でしたが、米は不足していて、ご飯の中にサツマイモや野菜を入れて量を増

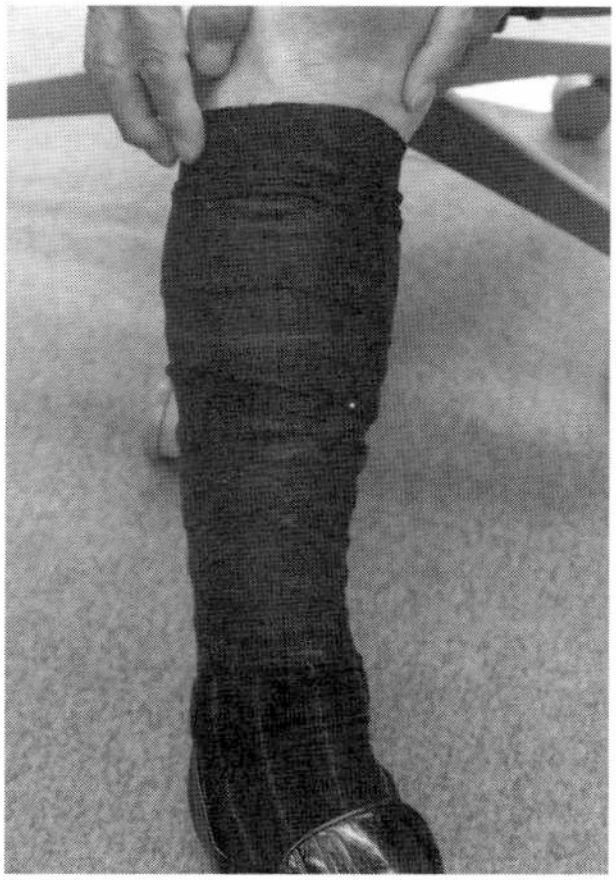
写真17．戦争中に使ったゲートルを巻く鎌田さん

やして食べたり、家の垣根のウコギの若芽を胡麻和《ごまあ》えにして食べたんです。それから、田んぼのタニシ。当時、農薬は使っていなかったので、とってきて味噌汁なんかにして食べました。

相本　私もフィリピンの農村で調査をしていた時、よくタニシをいただきました。シジミとか貝のような風味でおいしかったです。田んぼは米だけでなく、タンパク源でもあったんですね。

鎌田　田んぼでの農作業は、私たち子どもも手伝いましたよ。人手不足だった戦争中から食糧増産に励んだ戦後の時代は、今のようにトラクターなど機械はなくて、牛や馬で耕起して、あとは全部人力です。田植えは家族総出で、近所の人とも協力し合いました。子どもは、小苗打ちといって大人に苗を渡す役目で、素足で苗束を運びましたね。

その後、雑草が出てくると除草機をかけるんですが、これが子どもにとっては大変な仕事でした。柔らかくぬかるむ田んぼで、除草機を押して歩くのは重労働でしたね。

稲の収穫は、一株一株、鎌で刈り取った。これは子どもには危険だったので、大人が刈り取って、私たち子どもはその稲を乾燥棚まで運ぶ役目でした。脱穀した後の藁も捨てないで、米俵、縄、筵《むしろ》なんかをつくるため、さらには細かくして牛や馬の餌にするために、全部残しておくんです。保管用に藁を円筒形に積み上げたものを『藁にお』と呼びますが、つくるのは重労働で技術も必要。私たち子どもは、脱穀した後の藁を集めて、リヤカーで運ぶ役目でした。

椙本　子どもも農作業の大切な一員で、家族や隣人みんなで力を合わせて作業したんですね。

鎌田　子どものする仕事も結構あったもんです。夏休みも、畑で鳥追いするのが子どもの役目。大根とか秋に収穫する野菜の芽が出る頃で、それを鳥がつつきに来る。藁の日よけをかけたやぐらを畑に組んで、そこで子どもたちが見張り、鳥が来ると空き缶を叩いて音を出して追い払う。夏休みの宿題をここでやることもありました。クーラーも扇風機もないので、大人にこの仕事を言いつけられるとぞっとしたもんですけど、友達と行けば楽しくなったりして。

椙本　なんだか、子どもの秘密基地みたいですね。仕事と遊びが共存しているような。

鎌田　遊びといえば、稲を刈り終わった田んぼで、三角ベースをしましたね。この頃の遊びは他にも、高さを競った竹馬や竹とんぼ、凧揚げ、缶けり、メンコ、縄跳びがあって、これらの遊び道具は自分たちで工夫してつくりました。つくることも遊びでした。けんかゴマは、馬の蹄鉄《ていてつ》を鍛冶屋に持っていって加工してもらいました。他にも、自転車のリム回し、釘たて、鬼ごっこ、コイやフナの釣り、竹スキーもしました。まだ太平川は改修工事されておらず、蛇行していて、潜ってカニをとったり、川辺の木から飛び込んだりして遊びました。

椙本　当時の子どもたちは、田畑や自然を遊び場にして、遊具をつくりだす力も持っていたんですね。

鎌田　それも一人遊びではなく、子ども同士で様々な遊びを教え合いました。子どもが多い時代でしたので、学校から帰ると近所で集まり、暗くなるまで友達と駆け回っていました。『のらくろ上等兵』や『冒険ダン吉』という漫画が人気で、友達と戦争ごっこもしましたね。

遊んでいる時にルール違反のようなことをする子がいると、年上のガキ大将に叱られました。ガキ大将は、集団をよくまとめていました。年下は年上を敬い、年上は年下を大切にする、長幼の序があったように思います。

隣近所との関係も同様で、先生や親の目を盗んで悪さをしようものなら、地域の大人から叱られたものです。向こう三軒両隣と言いますが、近所も家族のような付き合いで、地域社会に人の温もりがありました。

椙本　学校だけでなく、子ども同士の遊びの中や、近所付き合いの中で、社会性や人間性を育んだということですね。家族のお話に戻りますが、そのような社会の中で家庭というのは、どのような場として記憶に残っていますか。

鎌田　母の異常な忙しさは、子ども心に焼きついています。夜明けとともに畑で野菜をつくり、それから火を起こして大家族の食事をつくり、木綿の衣服を手洗いして、また農作業に戻り、夜には針仕事に励む母。休む間もありません。ガスや電気の調理台はありませんし、洗濯は固形石鹸《せっけん》ですべて手洗い。衣服も不足しているので、破れたら継ぎはぎをする。継ぎはぎのある服を着ていても、それを笑う人はいませんでした。みんながそうでしたから。

父は教員をしていて、農作業は母や祖母（父の母）が主にやっていました。父は子どもだけでなく、母にも厳しくて、母が新聞を見ていると「おなごは新聞なんか見なくていい」と怒ったものだと姉が言っていました。姑も嫁である母にとても厳しかったそうです。

椙本　当時の女性たちの苦労は計り知れない。心が痛みます。子どもたちも家庭内の仕事をしたんでしょうか。

鎌田　はい。私の家は南部曲がり屋方式[*18]で、かやぶき屋根の家でした。入口の両側に厩《うまや》（馬の部屋）がありました。馬の世話は、兄の孝吉と私の役目で、馬の体を川で洗ったりもしました。私の地域は、一九五六年に上水道が通りましたが、それまでは川から水をくんできて甕《かめ》にためて使いました。水くみも兄と私の仕事でした。水が汚れる前の早朝に、家から二十五メートルくらい離れた太平川で水をくんで、その桶を天秤《てんびん》に吊るして、何往復もする。あと少しで家に着くという時に転んで、水をこぼしてやり直すということもありました。

椙本　子どもたちは農作業だけでなく、家事も担ったんですね。戦中戦後は、家族みんなで、近隣住民とも協力して、暮らしを支えたんですね。

鎌田　戦争では、一家の働き手である男性たちが召集されました。そして戦場で戦う兵士だけでなく、残された家族も含めて、あらゆる人が戦争の犠牲になりました。戦争は平和な生活から、あらゆる物や人を奪っていきました。戦争は、いかなる理由があってもしてはだめです。

＊18　南部曲がり家方式（なんぶまがりやほうしき）：日本の伝統的家屋の建築様式の一つ。母屋と厩（馬屋）がL字形に一体化していることから、曲がり家と呼ばれる。

今は、私が子どもだった頃から大きく時代が変わって、物があふれ、食べるものにも不足しない豊かな時代です。でもその豊かさとひきかえに、大切なものが失われてしまったようにも思います。戦中戦後は、貧しくとも人の温かさがありました。戦争と貧しさを知らないみなさんに、苦境の中でも一生懸命頑張った、戦中戦後の子どもたちのことを伝えていきたいです。

3．満州からの逃避行

小松 喜一郎 氏

（こまつ　きいちろう）

写真18：家族写真（父、母、喜一郎、妹）

写真19：満州での父と母

略歴
1938（昭和13）年満州国奉天市生まれ。秋田市在住。

父政吉、母キミ、妹2人の5人家族。

6歳の時に父親が3度目の招集で出征し、戦死。

母と子どもたちで満州から田根森村字福島（現 横手市大雄）に引き揚げる。

田根森小学校、旧大雄村の協和中学校（現 横手明峰中学校）、横手美入野高校（現 横手高校）に進学し、川口市役所に就職。その後、国鉄（現 JR）に就職し定年退職。


「あまり話すのはうまくないんです」。小松喜一郎さんは、私に何度もそうおっしゃいましたが、落ち着いた声で、端的かつ具体的に戦争体験を語ってくださいました。秋田市語り部の会で唯一、満州で生まれ、秋田に引き揚げた小松さんの戦争体験は、終戦とともに厳しさを増していきます。生と死が常に隣り合わせだった引き揚げの日々は、小松さんの静かな口調とは対照的に、激しく心を突き刺すような記憶でした。

小松　私は満州で生まれました。両親は田根森村（現 横手市大雄）出身です。父は農家の六男に生まれて、若い頃から満州に渡り、建設会社に勤め

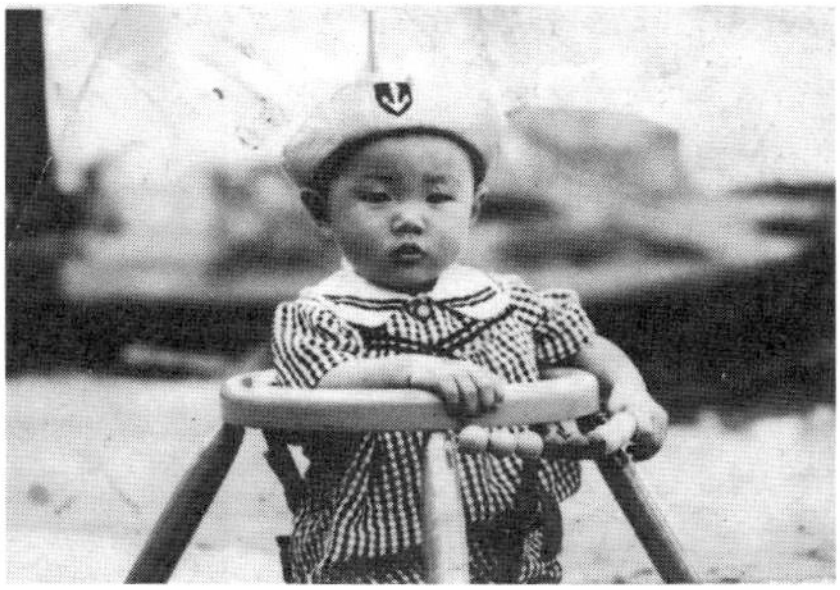

写真22. 喜一郎 [illegible]歳
（康徳6年8月1日、錦州省錦西駅前の会社出張所で撮影されたもの）

写真21. 喜一郎3歳
（康徳7年8月10日、錦州省で撮影されたもの）

ていました。同じ村の母と結婚して、奉天市（現 中国瀋陽市）で私が生まれ、二人の妹はそれぞれ錦州市と東安市で生まれました。父の仕事が建設関係なので、転勤が多かったんです。

椙本　すてきな家族写真ですね（写真18、19、20、21）。満州で撮られたものですね。

小松　ええ。でも満州にいた頃のものは、何も残っていません。満州にすべて置いてきて、文字通り逃避行でしたから。当時の家族写真は、すべて両親が秋田の実家に送ってあったのを、戦後引き揚げてきてからもらったものです。

椙本　では満州で暮らしていた時に、お父様は召集されたんですか。

小松　父は三回召集されています。予備役軍人[*19]だったようで、戦争になると呼ばれて、戦争が終わると仕事に戻っていたようです。一九一七年に満州事変、一九二三年には日中戦争に従軍しました。太平洋戦争では、戦況が不利になってくると、満州にいた関東軍[*20]を南方に移動させたようで、その穴埋めに満州在住の日本人が補充されたようです。いわゆる根こそぎ動員ですね。開拓団[*21]の男性たちも召集されて、私の父も一九四五年六月に召集されました。その時、父は三十五歳、母は三十二歳、私は六歳、長女三歳、次女は一歳にならない年でした。

椙本　終戦二カ月前の召集だったんですね。満州では、どのような暮らしをされていたんですか。

小松　父は建設会社の現場責任者のような仕事をしていて、最後に住んだ東安では、満鉄東安駅から四キロほどの機関庫の近くにあった建設会社裏の宿舎に住んでいました（写真22）。父の職場や近所には、満人（満州民族）の方も多くて、一緒に遊んだ記憶があります。父は走るのが好きで、マラソン大会があれば、私を連れて行って参加していました（写真23）。一九四五年八月九日、小学校から帰ると、母からソ連が攻めてくると聞かされました。突然、ソ連が日ソ不可侵条約[*22]を破って、満州に侵攻すると言うのです。東安は国境から四十キロほどと近く、東安市長から、避難列車が出るので早く南へ逃げるようにと指示が出たんです。

　最初、避難は一時的なもので、落ち着けばまた戻ってこられると思っていました。近所の満人の方々も、「早く帰ってくるように」と言って見送ってくれて。母は、一歳にならない下の妹を背負い、片手に三歳の妹の手をつなぎ、最低限の荷物を持ちました。私も少し大きめのリュックを背負って、みんなで東安駅に向かいました。少し薄暗くなった駅前に着くと、すでに列車を待つ行列が、ものすごい長くできているのを見て、すぐ家に戻れそうにないと分かりました。

椙本　突然の避難指示だったんですね。列車には乗れたんですか。

小松　私たちもすぐ列の後ろに並んで待ちました。列車は乗る人がいっぱいになると発車して、すぐ別の列車が入ってきました。夜になって私たちが乗ったのは貨物列車でした。鉄製の車内は、真ん中に扉が一つだけついていて、人がいっぱいになると扉が閉められ、真っ暗闇のなか、ぎゅうぎゅうのすし詰め状態で発車しました。

　しばらくすると、突然上空から飛行機が降下する音とともに、ダー、ダダダダーっ

＊19　**予備役（よびえき）**：現役を終えた軍人が、その後一定期間服する常備兵役。必要に応じて召集される。

＊20　**関東軍（かんとうぐん）**：満州に駐屯した日本陸軍部隊。日露戦争後に置かれた関東都督府が１９１９年、関東庁に改組された際、その陸軍部が独立したもの。日本の満州支配の中核的役割を担ったが、１９４５年８月のソ連参戦によって壊滅。

＊21　**開拓団（かいたくだん）**：満蒙開拓団。満州事変後、日本から中国東北部（旧満州）へ送り出された農業移民団。満州国維持の軍事的目的と国内農村窮乏の緩和とを目的とし、総数約30万人に達したが、ソ連参戦により潰滅。多大の犠牲者を出し、また多数の中国残留婦人・孤児を生んだ。

＊22　**日ソ不可侵条約（にっそふかしんじょうやく）**：日ソ中立条約。１９１４年、日本とソ連の間で締結された。有効期限は5年間だったが、１９４５年4月、ソ連は不延長を通告し、有効期限内の８月に対日参戦した。

写真22. 東安市で秋田出身の友人と家族の集合写真（父政吉34歳、母キミ29歳、喜一郎6歳、弘子2歳）

と銃撃されました。前方から後方へ、繰り返し銃撃を受けました。それでも列車は走り続け、銃撃音がなくなると停車して扉を空けて、空気の入れ換えをしました。夏の盛りですから、貨車の中は暑くて蒸し風呂状態でした。こうした機銃掃射を二回ほどされて、牡丹江駅に到着しました。列車の中で、亡くなられた方がいましたが、私たちにはどうすることもできなくて。

椙本　列車も、必ずしも安全ではなかったんですね。

小松　運がいい人だけが生き残ったような気がします。

牡丹江で思いがけないことが起きました。牡丹江駅の先の線路が爆破されて、列車が出せなかった。牡丹江駅近くの地下倉庫のようなところで、線路が開通するのを待つことにしました。

そこで、私たちの後に出発した列車が東安駅[*23]で爆破されて、たくさん死傷者が出たことを知りました。この事件で親を亡くした子どももいたようで、そのなかには戦後、中国残留孤児[*24]になった人もいたと思います。その列車に乗っていたら、自分も残留孤児になっていたかもしれない。

それから牡丹江で待っていた時、東安から一緒に避難してきた方の中で、用事で市中に出かけて、私の父に偶然出会った方がいたそうです。その方に父は、「今、牡丹江に配属されていて、これから緊急の連絡を他の陣地に伝えに行く途中です。急いでいて会

＊23　東安駅爆破事件（とうあんえきばくはじけん）：１９４５年8月10日、満州国東満省東安市（現在の中国黒竜江省密山市）の南満州鉄道東安駅で、野積みされていた日本陸軍の爆弾が爆発した事件。駅構内には、ソ連対日参戦による避難民が多数乗った列車が停車中で、１００人以上の死者が出た。日本軍がソ連軍に備蓄爆弾を奪われることを防ぐために処分した際に起きた事故とみられるが、詳細は不明。

＊24　中国残留孤児（ちゅうごくざんりゅうこじ）：太平洋戦争の敗戦時、13歳未満で、主に中国東北地方（旧満州）で肉親から取り残され、中国人に養育された満蒙開拓団の子女。当時、13歳以上の女性は残留婦人と呼ばれた。

写真23．マラソン大会に参加する父

写真24．兵隊の任務に就く父

うことができないので、家族には無事に避難するよう言ってください」と伝言を残していったそうです（写真24、25、26）。私たちは駅の近くでじっとしていたので、会えませんでしたが。

椙本　避難では、いくつもの偶然があったんですね。牡丹江駅から列車は出たんでしょうか。

小松　いいえ。ですが、ソ連軍が牡丹江の近くまで迫っているという情報も入って、そのままとどまっているより、少しでも前進した方がよいと、列車が動いているところまで歩くことにしました。いつでも列車に乗れるように、線路沿いの荒野を歩くのですが、昼間は敵に見つかってしまい危険だということで、夜に移動しました。暗闇の中、方々でドーンドーンと花火のように戦火があがり、爆音が聞こえました。戦車や車が走る音もひっきりなしに聞こえました。

私たちはそれを避けるようにして、物音や声を出さないように、とくに子どもを泣かせないようにして、ただ黙々と何時間も歩き続けました。でも下の妹は足がすりむけて、泣きべそをかきながら歩き続けました。次の駅で列車があれば乗り、なければ歩いて、その繰り返しでハルビン、長春を経て、やっと私の生まれた奉天に着いた時、すでに戦争が終わっていたことを知りました。

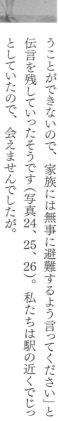

写真25．父32歳
（昭和16年8月10日、満州第二六〇二部隊に入隊し、錦州市富士国民学校で撮影したもの）

写真26．兵隊姿の父

椙本　終戦を知らずに、みなさん避難していたんですね。

小松　私たちは早めに避難した方でしたが、避難列車に乗り遅れた方々、とくに駅から離れた場所に住んでいた開拓団の方々は、ずっと歩いて避難したために、途中でソ連軍や満人の反乱軍に出会って襲撃されたり、暴行を恐れて集団自殺したりした方もいるという話を聞きました。

椙本　奉天に着いて、終戦を知った時には、少しほっとされましたか。

小松　間もなく日本に帰れるだろうと思っていたのですが、そうはいきませんでした。奉天では、学校が日本人の収容所になっていて、私たちもそこに行きました。かなりの人がいて、食べ物はほとんどなく、栄養失調や病気で毎日多くの人が死んでいきました。着の身着のままで逃げてきているので、シラミとか寄生虫も発生して、発疹チフス[*25]などの病気で亡くなる方も多かった。八月といえば満州でも結構暑くて、死体にハエやうじ虫が群がり、悪臭がするようになりました。

最初は、収容所の庭に穴を掘って土盛をして埋葬していましたが、亡くなる人が多くて追いつかなくなって。死体がごろごろと横たわるようになったので、トラックが連日来て死体をどこかへ運んで行くようになりました。昨日まで元気に話していた隣人が、翌日、横たわって亡くなっていたことがありました。その子どもたちはどうなったのか。親を亡くした

＊25　**発疹チフス（はっしんちふす）**：衣シラミや頭シラミから人に伝染する急性感染症。10～14日の潜伏期の後、戦慄・頭痛・四肢痛などを発し、めまいや吐き気を伴い、3～5日で淡紅色を呈する発疹が現れる。重篤になると脳症性を伴う。戦争チフスとも言う。

子どもは、孤児院に入れられたり、満人に引き取られた方もいたりして、後に残留孤児になった方もおられたと思います。

椙本　戦争が終わってからも、日本に戻れずに命を落とした方が、たくさんいらしたんですね。

小松　しかも冬はマイナス二十度を下回る日も多くあります。母は、冬までここにとどまっていたら、私たちも同じ運命になると考えて、かつて父が勤めていた奉天にある会社を訪ねて行きました。四階建てだったでしょうか。下が事務所になっていて、上に社長の家族や社員が住んでいました。空いている部屋があるので住んでいいよと言ってもらったのです。早速そこに移りました。男性はほとんど召集されていたので、老人、女性、子どもだけがいました。

でも、食べていくためにはお金が必要です。母は、どこからかタバコを売る商売を見つけてきて、タバコを並べたダンボール箱を肩からひもでつるし、背中に下の妹を背負い、両側に私と妹を置いて、奉天の路上で満人に混じって商売をしました。それで得た収入で、粟《あわ》やコーリャン、豆腐などを買って一日一食。お腹が空いたら、とにかく水を飲んで、一冬越しました。下の妹は栄養失調になり、一歳近くになっても歩けなくて。座ることもうまくできなくてね。一日も早く日本へ帰りたいという願望が強かったです。

椙本　生死が紙一重の中で、会社の建物に住むことができてよかったですね。

小松　ほんとうによかったです。でも戦争に負けたので、満州にあった日本企業は没収されるようになっていたようです。没収される前のある日、暴民と呼ばれる満人の集団による略奪がありました。窓の外を見ていると、私たちの住まわせてもらっている建物の前に満人が数人集まってきて、そのうち三人くらいが建物に入って、大人たちを一室に集めて手足を縛って見張りをつけ、私たち子どもも別の部屋に集めました。子どもは縛られなかったですが、見張りがつきました。その見張りは顔を隠していましたが、日本人だと言っていました。それから間もなく満人の集団が入ってきて、部屋の中を物色しながら、ほとんどの物を運び出して退散して行きました。恐怖はなかったですね。私たちにとっては物の略奪だけで、人的被害はなかったので。満人の方に対する怒りとか憎しみとかは、あまり感じられませんでした。

椙本　いつ頃、日本に引き揚げることができたんですか。

小松　一九四六年六月ごろだったと思いますが、やっと葫蘆《ころ》島の港から引揚船が出るという話がありました。これでやっと日本へ帰れる日が来たのかと思うと、胸が熱くなりました。住居を貸してくださった命の恩人の建設会社の奥様に挨拶をして、屋根のない貨車に乗り、まず錦州に向かいました。港へ行く前に引揚者の収容所があり、ここで身体検査や予防接種、ＤＤＴ散布など、帰国のための準備に数日かかりました。後は順番を待って、七月初旬に葫蘆島から引揚船に乗ることができました。港に行くまでも、ずーっと列が続いていて並んだ記憶があります。

椙本　東安を出発してから一年以上かかって、やっと引揚船に乗れたんですね。

小松　そうです。いよいよ祖国日本に帰れるという実感がわいてきました。多くの人が甲板に立って、港を離れるのを、今か今かと待っていました。私も、一年近く避難した間の出来事が色々思い浮かび、出航しても港が見えなくなるまで、ずっとみんなと一緒に万感の思いで眺めました。

引揚船といっても貨物船のような大きなもので、たくさん人が乗っていました。そこで、食事が出されたわけですよ。大きな鍋に、いろんな肉とか野菜とかが煮込んであって、そこに米が入っていたんですよ。今でも忘れられません。ご馳走に見えましたね。今まで満足に食べることもできなかったので、本当に食事が楽しみで。ご飯のおいしさが強烈に記憶に残っています。ドラの音を合図に、大きな洗面器のようなボウルを持って、列に並んで家族の分も合わせてもらいに行くのが、私の役目でした(笑)。

椙本　重要な役目ですね。それで日本に着いたんですね。

小松　数日が過ぎたころ、「本土が見えてきたよ」と大声で叫んだ人がいました。長崎の佐世保港に着いたのです。待ちに待った日本上陸です。私には初めての日本でした。佐世保でも身体検査があって、ここでもまた頭からＤＤＴをかけられて真っ白になり、身体検査に数日かかったと思います。それから、いよいよそれぞれ列車を乗り継いで帰ることになりました。

列車は座るところがないくらい混んでいて、私なんかは途中から靴がなくなって裸足でしたね。ずっと立って外を見ていたので、途中で長崎や広島を通って、「ここに原爆が落とされた」と乗り合わせた人から聞きました。何日かかけて、やっと秋田の飯詰駅に着き、そこから六キロくらい歩いて、両親の実家に着きました。

当時、父の消息が分からなかったので、母の実家にしばらく居候させてもらいました。小学一年生で東安を出てから一年近く学校には行けませんでしたが、秋田では二年生に編入させてもらいました。この時ほど、学校に行ける喜びを感じたことはありません。学校に行くのは本当に楽しかったですね。避難している間も、学校に行きたかったのですが、そんな状況ではなかった。ただ、途中から編入させてもらったので教科書がなくて、同じ村にいた同級生から借りてきて、実家のじいさんたちが書き写してくれたものを使いました。

椙本 お母様は、女手一つで三人の子どもたちを育てた。本当に大変だったのではないでしょうか。

小松 私が小学校を卒業した時点で、母は実家の近くに土地を借りて、小さい家を建てたんです。その家で、母は小さな雑貨店を始めました。村には店がなくて、買い物は四キロほど離れた角間川町（現 大仙市）まで行かなければならなかった。当時は自転車かリヤカーしかなくて不便でした。そこで母は、あまり買い物に行けない近所の人に、必要なものを聞いて、パンやお菓子や缶詰などを仕入れてきて売ったんです。大きい物は扱わず、必要最小限の物を販売しましたが、村の人たちには大変喜ばれました。私も中学生になったので、休みの日には自転車で角間川まで仕入れに行く手伝いをしました（笑）。

写真27．日中友好訪問で訪れた愛河駅

榾本　奉天でも秋田でも、お母様は必死で生活を支えたんですね。お父様について、何か情報はあったのでしょうか。

小松　満州で消息不明になっていた父については、戦後十二年たった一九三七年七月に、役場から通知が来ました。終戦の前日、八月十四日に、牡丹江省の愛河で、ソ連軍と交戦して死亡（享年三十六歳）と書いてありました。遺品は、木製の小さな位牌だけでした。ある程度、時間がたっていたので、シベリアの方に連れて行かれたか、亡くなったか、家族としては半分半分の気持ちでいました。でも、満州で避難している途中、牡丹江で父は知り合いに、「自分は別の陣地に向かうので逃げてくれ」と家族に伝言を残していた。だからやっぱり、あの牡丹江駅の近くの愛河で、ちょうどあの辺りで亡くなったんだなと思いました。

その後、私は高校を卒業して就職し、妹たちは中学卒業とともに集団就職しました。私は国鉄に入り、仕事で山形や秋田などを転勤したので、父の仕事とリンクしているようでなりません。定年後の二〇一〇年八月に、日中友好訪問団に参加して、牡丹江省の愛河まで行ったんです。でも愛河駅から先は、行けなかった（写真27）。本当は遺骨を持って帰りたいと思っていましたけど。でも、ここで亡くなったのかなと、その日は何回も、立って拝んできたんですけどね。道中で原野が広がっているのを見て、懐かしいというのか、こういうところを必死で歩いて逃げたのかなと思い出されました（写真28）。

写真28. 日中友好訪問の道中で見た景色

母は村で小さな店を開いて頑張っていましたが、日本に戻ってからは体調があまりすぐれず、一九七七年五月に六十二歳で亡くなりました。

椙本　小松さんにとって、満州は故郷ですか。

小松　故郷っていうと秋田になるでしょうね。満州は、戦争がなければ、いい所でもあったと思うけど。でも故郷というと、秋田、日本だと思います。

戦争は小学生の時の体験でした。とにかく空腹を抱えて、無我夢中で逃げ回ったことが、一番記憶に残っているわけです。今でも世界には、難民の方がいるところもありますけど、私たちも当時はそういう状況だったのだと思います。振り返ってみますと、戦争というものは、いかに愚かで恐ろしいものであり、残虐、非道、悲惨なものであるか。二度と戦争はあってはならないと思い、自分の体験を語ることにしました。

4・海軍をめざした少年の銃後の戦争

小林　良弘　氏
（こばやし　よしひろ）

写真29．小林氏が撮影したチューク諸島の一つデュブロン島（日本統治時代の中心地で海軍基地があった。日本名は夏島）

略歴
１９３２（昭和７）年神奈川県横須賀市生まれ。秋田市在住。

父吉之助、母タニノ、弟広基、弟基之の５人家族。

海軍だった父の勤務先にあわせて、京都府舞鶴で幼少期を過ごす。11歳の時に父親が戦死。自身も父親と同じ海軍を目指しつつ、京都府舞鶴市で学徒動員中に空襲を体験。

終戦とともに家族で秋田市に移住。

横須賀鶴久保尋常小学校、東舞鶴国民学校、旧制舞鶴第二中学校（途中、学徒動員）、旧制秋田中学、秋田南高校（現 秋田高校）を卒業後、本金商店に就職、本金西武取締役のち退職。


「すべてはここから始まったんです」。小林良弘さんはそう言って、一枚の写真を取り出しました（写真29）。そこには南国の海の写真が写っていました。状況がつかめずにいる私に、「トラック島って知っていますか」と小林さんが尋ねます。初めて聞く名前に「知りません」と即答すると、「トラック島はミクロネシア連邦のチューク諸島のことです。ここに父の慰霊に行ったんです」と小林さん。そこでやっと写真の意味が見えてきました。秋田から三千五百キロ離れた南の島に、七十七歳で単身行ったそうです。小林さんを突き動かした想いに、耳を傾けました。

小林　なぜ、トラック島に行ったのかというと、私には弟が二人いて、その息子（私の甥）が「僕のおじいちゃんはどんな人だったの?」と聞いたことから始まるんです。聞かれた父親（私の弟）は、「詳しいことは伯父さんに聞け」と答えて、二人が私のところにやってきました。

父吉之助は、私が小学六年生の時に戦死しましたが、実際に生活をともにしたのは、私が三年生までの間。しかも海軍という仕事柄、長期出張が多くて、家にいる時間は少なかった。私の弟たちには父の記憶はないに等しいとなれば、父のことを伝えられる語り部は私しかいない。いつか読むかもしれない外孫たちのために、父の伝記を書き遺そうと思ったのです（写真30）。父のことを調べるうちに、どうしてもトラック島へ行かないとダメだと思って、行きました。

写真30.『散華』

椙本　家族や親族のために語り部になる。そのためにトラック島へ行ったんですね。実際、行かれてどうでしたか。

小林　父は一九四四年二月十七日、米軍のトラック島襲撃[*26]で戦死しました。どうしても同じ日に行って、洋上慰霊をしたいと思いました。行ってみて、驚きました。第二次世界大戦から五年ごとにチューク平和記念式典が行われてきたそうで、日本の関係機関にも案内状を出してきたものの、それまで日本からの正式な出席はなかったと言うのです。そこに私が居合わせたため、チューク州知事とアメリカ陸軍大佐に並んで、日本代表として挨拶をすることになりました（写真31）。

＊26　トラック島襲撃（とらっくとうしゅうげき）：連合艦隊司令部は、敵機来襲の情報を入手し、最終戦に向けた戦力保持のため、1944年2月10日、戦艦『大和』『長門』などの主力艦隊を、トラック島から国内の基地やパラオに退避させていた。主力部隊が離れたトラック島は、2月17日、18日、満足に反撃できぬまま米軍の攻撃によって基地の機能を消失。5万人の日本兵が取り残されたといわれている。

写真31．戦後65年チューク平和記念式典式の様子（手前から2人目が小林さん）

その後、戦争中に夏島の海軍港務部にいた現地の方が、二月十七日の戦争体験を証言しました。十七日の朝、空を見ると飛行機の大群が目に入り、日本から援軍が来てくれたと手を叩いて喜んでいたら、爆弾が落ちてきて、米軍の攻撃だと分かり、慌てて逃げて隠れたという内容でした。米軍を前に堂々と語る姿に感心しました。

さらにその後、米兵が米軍戦没者名簿の名前を一人ずつ読み上げたんですよ。私の頭は父のことでいっぱいで、同地で亡くなった他の日本兵や現地住民について思いが至らなかったと、式典後に反省しました。帰国後、トラック島で戦死された方に連絡を取ろうと、防衛省や厚生労働省に問い合わせて、結局、秋田県遺族連合会の名簿で六十二人の確認ができて、私の洋上慰霊をサポートしてくれた現地在住の日本人の方に連絡しました。

椙本　立場の異なる三者が共に式典を行うというのは、すごいことですね。お父様の洋上慰霊はできましたか。

小林　式典は午前に終わったので、午後からプレジャーボートに乗って父の洋上慰霊に行きました。波が高くて、遠いため、父が乗船した香取が沈んだとされる北水道までは行けず、手前のシャーク島で行いました。花束を海に入れて、秋田から持ち込んだ日本酒太平山を静かに海に注ぎながら（写真32）、「六十五年もの間、来ることができなくて申し訳ない。長かったがやっと来ることができた。好きだった酒、飲んでくれ」。

写真32．洋上慰霊の様子

これ以上の言葉は出なかったけれど、自然と『海行かば』が口をついて出てきて、海底に届いてくれという思いで歌いました。
帰りにチューク空港の沖にさしかかると、私たちのボートにイルカの群れが寄ってきました。その周辺でイルカを見ることはめったにないそうで、船頭が「お父さんがここまで送ってくれた」と言ってくれて、涙が出るような感動を覚えました。父の遺骨の代わりに、海岸の小石を少し持ち帰りました。チューク島には、日本語の達者な高齢の方々がいて、日本軍との思い出話をしてくれました。

椙本　式典からイルカまで、不思議な縁を感じます。お父様はどのような方でしたか。

小林　父は海軍に勤務していました。でも我が家は、軍人一家という感じは全くなくて、ごく平凡な家庭でした。父は家を出る時は軍服で、憲兵が出会うとビシッと敬礼されていましたが、家の中ではこの写真のような感じです（写真33）。

椙本　お父様は帽子をかぶって、おしゃれですね。

小林　ええ。夏はパナマ帽。秋田の実家が、紳士服の仕立て屋だったんです。もともと角館で仕立て屋をしていて、秋田市に出てきて小林洋服店を始めたようです。母は湯沢の農家に生まれました。

椙本　それで、スーツも帽子もきまっているんですね。お父様は洋服店に生まれて、海軍に就職したんですね。

写真33．5人そろった唯一の家族写真（左から父吉之助、次男広基、長男良弘、三男基之、母タニノ。1939年冬頃、舞鶴市で撮影）

＊27　五右衛門風呂（ごえもんぶろ）：槽の底に平釜を取り付け、かまどに据えつけて、下で薪をたいてわかす風呂。

小林　一九〇三年生まれの父が生きた四十年間は、日露戦争、日中戦争、第一次世界大戦、太平洋戦争と、戦争続きの時代でした。父は一九二三年、二十歳で横須賀海兵団に志願兵として入団しました（写真34）。一九三〇年に母と結婚して（写真35）、二年後に私が生まれます（写真36）。一九三四年、父は海軍工機学校の工術（金属）教員になります。船の整備や運転に携わる技術教員ですね。

椙本　小林さんは横須賀生まれなんですね。その頃のことは覚えていらっしゃいますか。

小林　いいえ。横須賀の記憶は、あまりありません。というのも、私が小学一年生の時、父が京都府舞鶴の軍港に異動になって、家族で移住しましたから。幼少期の思い出は、舞鶴にあります。

椙本　舞鶴ではどのような生活でしたか。

小林　舞鶴の軍港は、もっぱら故障した船が修理に戻ってくる場所だったので、穏やかな港町でした。

私たち家族が暮らした借家は、そんなに大きくありませんでしたが、茶の間に囲炉裏があって、床の間や五右衛門風呂[＊27]もありました。父は帰ってくると、囲炉裏で煮干しをあぶって晩酌をして、そこで父と子の会話がありました。学校の話とか、何が欲しいとか。一度、父に凧が欲しいって言ったら、翌日茹でダ

写真34：横須賀海軍工機学校勤務時の父
（昭和3年11月、御大典記念（昭和天皇即位礼）にて撮影）

写真35：両親の結婚
（昭和5年1月27日、父は当時三等機関兵曹）

コを買ってきてくれて、家族で大笑いしました。それを学校の作文に書いたら、先生に面白いと紹介されて。家に帰って報告して、またみんなで笑ったこともありましたね。

父は早く帰ると、息子三人と一緒に五右衛門風呂に入りました。浴室の外に竈《かまど》があって、母が時々薪《まき》をくべて湯加減をみてくれた。子どもたちが順々に出ると、そこに母が待っていてくれるんです。

椙本　穏やかな日常があったんですね。

小林　町内は海軍関係者が多く住んでいて、近所の仲も良かったです。

写真36：母に抱かれる良弘（昭和7年12月26日）

写真37．近所の将校の奥様たちとの写真（右端が母、1940年11月4日）

母は、色んな家に茶飲み話に行っていましたし、私も近所の夫婦に呼ばれて、夕飯をご馳走になったりして、住民間で行き来がありました（写真37）。

学校に行って子ども同士で集まれば、もう海軍かどうかは関係なく、みんなで声を張り上げて軍歌を歌いました。その頃は、ラジオから戦意高揚の軍歌が流れているような環境でしたから。楽しみといえば、教職員対抗の野球大会があって、見に行ったもんです。そんな私に父はグローブとキャッチャーミットを買ってくれました。父が生きてる間はほとんど使わなかったけど、戦後、秋田に持ち帰って使いました。

椙本　子煩悩なお父様、という印象を受けます。

小林　ただ父は、任務で長く家を空けることもありました。一九四〇年から約二年間は、上海特別陸戦隊に配属されました（写真38、39）。でも一九四二年、父が乗船していた巡洋艦那珂が修理で舞鶴に戻って、父は半年ほどゆっくりした日々を送ることできました。

舞鶴は軍港ですから、一般人は湾内に入れません。釣り糸を垂らせば、すぐ憲兵が飛んできます。唯一、夏の数日間だけは、湾内にある無人島の蛇島が、海水浴場として海軍関係者に解放されました。一九四二年の夏、私たち家族も海水浴に行って、私と弟は父に泳ぎを教えてもらいました。

椙本　夏休みのよい思い出ですね。トラック島への任務は、いつ頃だったのでしょうか。

写真38．上海特別陸戦隊工作隊本部前の父（1941年3月2日）

写真39．父が上海特別陸戦隊から帰還した際に贈られた日章旗

小林　一九四三年一月十九日、巡洋艦香取に配属されたようです。香取は、三月二十七日から五月五日まで、整備のため横須賀工廠に寄港してから、トラック島の基地に向かいました。母は息子三人の世話を近所の海軍少尉の奥さんに任せて、父の世話をするため横須賀に滞在したんです。母は横須賀から戦地に向かう父を見送って舞鶴に帰りましたが、これが最後の別れとなりました。

椙本　お父様とお母様は、二人だけの日々を過ごされたんですね。お父様はトラック軍港に派遣されて、そこで戦死されたんですか。

小林　はい。一九四四年二月十七日でした。その日は木曜日なのに、なぜか私は家にいました。冬の締め切った部屋に、突然スズメが一羽舞い込んできたんです。バタバタ飛び回るスズメを見ていると、すっとどこかに消えていきました。その時母が、「父ちゃんに何かあった」と叫びました。私はとっさに「戦死した」と思ってしまいました。二日後、新聞やラジオで米軍のトラック島襲撃が報道されたようです。後に自分で調べたところ、その日、本国へ帰還する途中に、トラック島沖で撃沈されたようです。海軍関係者は情報が早くて、近所に住む奥さん達がすぐやって来て、慰めや励ましの言葉をかけてくれました。我が家に届いた父の戦死公報は、その年の十二月二十三日付けでした(写真40)。同じ頃、舞鶴市長からも戦死の通知が届きましたが、日付は空白でした。

椙本　戦死の知らせを受けて、ご家族はどのような様子でしたか。

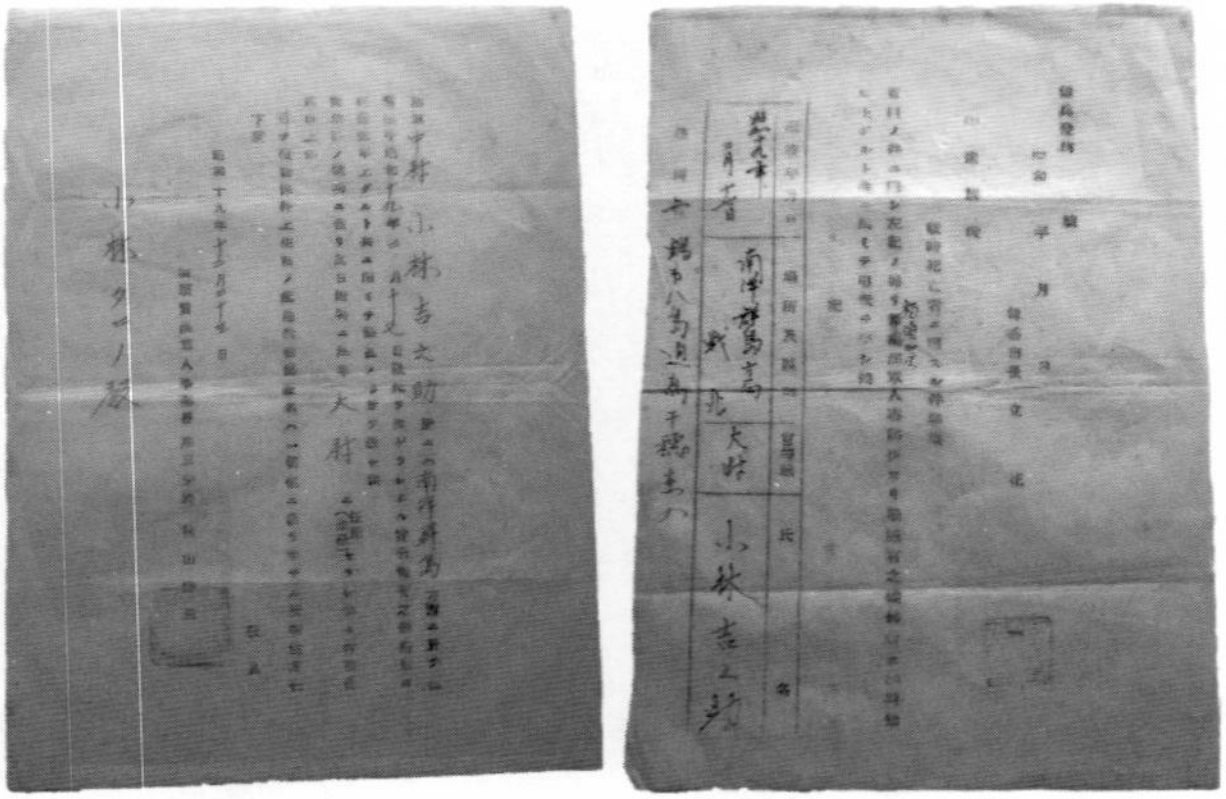

写真40．父の戦死通知

小林　母は泣きも何もしない。弟たちは、父親の記憶もないから、あまりピンとこなかったんじゃないかな。

当時は、父の葬式をできるような状況じゃなくて。戦後、秋田市で海軍合同葬儀が行われた時（一九四五年五月十六日）、私も遺族代表で出席しました。父の実家の墓は、角館にありましたが、行くこともできないから、しばらく墓を建てることもできませんでした。

私も、これからどうなるのかって不安はありましたね。父から「将来、海軍兵学校に」って言われていたから、海軍に入る気持ちは変わりませんでした。その年、私は舞鶴第二中学校に進学したんです。一年目は学校に通えましたが、二年生になると学徒動員[*28]で、郊外にある海軍火薬廠《しょう》で働きました。それから登校日はありませんでした。

椙本　学徒動員では、どのようなことをされましたか。

小林　場所は、私の家から歩いて一時間ほど郊外にある海軍火薬廠でした。まだ中学生だったから、薬品を使うような危険なところには配属されなくて。私は金工班に配属されて製缶工をしました。大きな分厚い鉄板が運ばれてきて、大人がハンマーでガンガンたたいて、曲げていくんです。私たちはそんな力ないから、鉄板をおさえたり運んだりする大人を補助する、小間使いですよ。

ここに傷があるけどね。鉄板をガスで切っている時に、手を切っちゃった。こっちにもある。死ぬほどのことはないけど。工場長や幹部の体罰が怖いから、行かないといけない。

椙本　学徒動員は、怪我《けが》と隣り合わせの危険な現場だったんですね。もう勉強どころではありませんね。

小林　それが、海軍兵学校[*29]への進学希望者には、午後二時間だけ工場で補習授業があったんです。海軍兵学校の予科を受けるために、英語もそこで学びました。

昼食の時間になると、監督している兵隊たちが、戦況の話をしていて、私たち子どもも面白がって聞き耳を立ててましたね。原子爆弾が落とされたらしいとか。もっとも、監督者が弁当を食べている横で、私たち学徒動員に出される昼食は炒った米。それを仕事しながら、手づかみでパリパリ、カリカリ食べました。

椙本　軍港や軍事工場ということで、米軍の攻撃は受けませんでしたか。

小林　終戦間際の一九四五年七月二十九日に、舞鶴で初めて空襲警報が鳴って、翌三十日に二百三十機が襲来して八十三人の死者が出ました。

私はその日、工場にいました。外にある防空壕に駆け込みました。グラマンの機銃掃射がすごかった。ダダダダ、ダダダダ—って。空が真っ暗になるくらい飛んでくるんだもん。

椙本　終戦は、それから約二週間後ですね。

小林　八月十五日は、工場の広場に集合させられて、前の方の人たちは正座で、私たちは後ろの方だったから直立不動で玉音放送を聞きました。雑音ばかりで意味不明

＊28　**学徒動員（がくとどういん）**：太平洋戦争において労働力不足を補うため、学生・生徒に対して強制された勤労動員。１９３８年公布の国家総動員法に基づいて実施され、戦争の深刻化につれ拡大。１９４４年には学徒勤労令が出され、中等学校以上のほぼ全員が軍需工場などに動員・配置された。

＊29　**海軍兵学校（かいぐんへいがっこう）**：海軍兵科将校となるための生徒の教育や、海軍兵曹長に対して兵科士官に必要な教育を施した学校。

でした。でも、前で正座していた将校たちが泣きだしたから、これは戦争に負けたんだなって分かりました。

椙本　その時は、どう思いましたか。

小林　すべてがダメになったなと。海軍兵学校行きたいと思っていたのも、全部ダメになったなと。この先、世の中どうなるのかも心配だった。これで爆撃がなくなる、つまり殺されなくて済むということだけは、よかったと思いました。

でも、父親はもう戦死してしまっているし、軍隊も解散となれば、毎月の給与も消える。食料の配給もだんだんなくなっていて、近所の農家からの差し入れで、どうにか食べられてはいたけど、このままでは生活できない。

そんな折、秋田の伯父から「帰ってこい」と度々連絡が入ったので、必要なものだけ秋田に送って、母と子の四人で舞鶴を後にしました。

椙本　舞鶴から秋田まで、どうやって移動したんですか。

小林　東舞鶴駅から乗った鈍行列車は、復員兵で超満員でした。私たちはデッキに立ちっぱなしで、九月だったから、トマトやまだ青い甘柿を袋に入れて、喉が渇いたら、それをかじってしのぎました。秋田駅に着いた時には、鼻の中まで煤《すす》だらけでした。

秋田に着いて分かったのですが、小林家の本家は数日前の保戸野の大火で類焼して、その避難先に同居することもできなかったのです。そこで母の姉の嫁ぎ先を訪ねて、その家の庭の奥にある薪小屋の二階に住まわせてもらいました。

椙本　薪小屋に仮住まいですか。

小林　狭くて、親子四人が寝るのも大変だった。食事は別々だったから、母は、父の洋服とか着物を食糧と交換してしのぎました。食べ盛りだった私は、夏休みの一カ月、母方の実家がある湯沢に行った。湯沢に行けば、ドジョウとかたくさんいて、たらふく食べられるもの。今、テレビで北朝鮮では、子どもたちが落ちているものを拾って食べる映像が流れたりするけど、うちもそうだったな。

しばらくして、市営住宅が根小屋町にできて、六畳一間の平屋建てに引っ越せた時には、気を遣う相手がいなくなってほっとしました。でも戦後の生活苦は大変でした。市営住宅には、いろんな人が住んでいて、怪しい儲け話とか誘惑もあったから、周囲は油断も隙もない。だから弟たちには、「母親に迷惑かけるなよ」といつも言っていました。

椙本　秋田での生活は、お母様が支えたのですか。

小林　一番大変なのは、母です。母のおかげで、私たちがいます。薪小屋を借りて住所が定まった折、ちょうど近くの築山小学校で給食が始まり、母は給食室で働くことになりました。そこで講習を受けさせてもらって、調理師免許も取らせてもらって、五十五歳まで働きました。

市営住宅に移った頃、母は、昼は築山小学校で働いて、夜には秋田市の一番丁にあったダンスホールで下足番として働き始めました。戦後の復興で、秋田にもあちこちにダンスホールができていました。朝から晩まで働き詰めでした。だから、「苦労しっぱなし

写真41．母の学校給食振興貢献表彰を記念して撮影した家族写真
（右から長男良弘、次男広基、母タニノ、三男基之。1958年11月15日）

の母に迷惑かけるなよ」というのが、私の弟たちへの口癖だったんです。母は七十七歳で亡くなりました。お墓には、父の遺品を一緒に入れました。

椙本　お母様のおかげで、子ども三人は学校を卒業できたんですね。

小林　舞鶴から秋田に来て、私は試験に合格して秋田中学に転入できたけれど、生活ができないから、学校をやめて働くって言ったんです。でも母がね、絶対ダメだって。「せっかく入った中学だから、将来必ず役に立つから、やめないで」って。それで奨学金をもらって、私は高校まで卒業しました。弟たちは、住み込みで働ける所に行って、定時制の中学を卒業したから立派だよね（写真41）。

高校の教頭から、「なんで大学行かないんだ」って言われましたけど、母にこれ以上迷惑かけられないと思い、就職することにしました。でもそれが問題で、当時は、戦没者遺族つまり母子家庭の就職は極めて厳しかった。戦没者遺族は、願書ではねられてしまう。土地とか家とか、経済的な担保があれば話は違ったようですが、私は二月になっても就職が決まらなくて。卒業直前に、大町の本金商店に就職が決まって、三月三日の卒業式の翌日から、住み込みで働きました。本金商店はその後、本金西武に変わり、私はその取締役になって、定年まで勤めました。

椙本　取締役になられて定年まで勤めあげたとは、すごいですね。最後に、小林さんのご著書『散華』に関して、どうしてもお聞きしたいことがあります。最初のページに、お父様の慰霊碑の写真とともにこう書かれています。

「横須賀海軍人事部から要請があり、母・タニノは、吉之助の写真を送った。後日、受け取った写真は、杉製の額に収まり、名札をつけて遺骨の代わりに送られてきた。「名誉の戦死」として受け止めたかどうか、記憶はない。【一部編集】」

このように書かれた小林さんの想いを教えていただけませんか。

小林　残された家族はどういう気持ちかというと、やっぱり父ちゃんなんだよ。俺の父ちゃんが死んじゃったっていう気持ちだから、名誉の戦死とは遠い。ほんとうに紙切れ一枚ですよ。派遣命令も死亡通知も。しかも軍事機密だからって、どこで死んだか書いてなかった。香取に乗ったことは知っていたけど、通知には場所が書かれていなかった。靖国神社の霊慈簿を確認しに行ったら、父の欄は、戦死した場所だけでなく家族の名前まで空欄だった。それで自分で色々問い合わせて調べて、霊慈簿も直してもらったんです。

父が戦死した後、勲五等の勲章をもらったけど、それを飾ったのもしばらく経ってからでした。やっぱり、残された家族の気持ちを抜きに、戦争を語ることはできないと思うんです。

〈参考文献〉

小林良弘、二〇一二年、『散華』。

5. シベリアに祈った父の帰還

齊藤 キミ子 氏
（さいとう　きみこ）

写真42．父の出征時の家族写真
（後列中央の軍服姿が父正夫、左隣が母ハナヨ）

略歴
1941（昭和16）年秋田市生れ。秋田市在住。
父は徳田正夫、母はハナヨ、3人姉妹の末っ子。
父の出征時、キミ子さんは母のお腹の中にいた。
終戦から6年後に父がシベリア抑留から復員し、家族は10年ぶりの再会を果たした。
戸米川村小学校、戸米川中学校、秋田高等学校定時制を卒業。
現在、雄和サークル連合会会長、雄和市民協議会副会長、押し花教室講師。

秋田市語り部の会の中で、齊藤キミ子さんは現在唯一の女性です。この後に紹介する齊藤信夫さんとはご夫婦で、偶然にも、父親は同じ時期に、同じ部隊に徴兵されました。しかしその後、二人の父親は、生死を分けるまったく異なる人生を歩むことになりました。キミ子さんの父親は、本書の語り部の中で唯一、戦後、生きて秋田に帰ってくることができました。しかし、それには十年という時間がかかったのです。

齊藤　私の父親、徳田正夫は戦争に行きました。けれど、奇跡的に帰ってくることができました。父親は一九四一年、二十七歳の時に、赤紙一枚で出兵しました。それから満州で四年、シベリアへ抑留されて六年、合わせて十年間帰る

＊30　**徴兵検査（ちょうへいけんさ）**：旧兵役法では、国民皆兵の原則のもと、20歳に達する男子を徴兵適齢者と定めていたため、20歳の男子は兵役の適否を決めるための身体検査を受けた。

ことができませんでした。

栢本　十年間というのは、ほんとうに長い時間ですね。

齊藤　はい。そもそも父親の両親は、結核で亡くなっています。そのことを徴兵検査[＊30]で話せば、兵を免れることができたはずなんです。なのに父親は、それを隠して検査に合格して出兵しました。当時の教育の恐ろしさと申しましょうか。あの時代は、日本男子に生まれて戦争に行かない者は国の恥だ、戦場で立派に死んでいくのがよい生き方だと言われていたことが、根底にあったのだと思われます。

栢本　事実を隠してでも、徴兵検査に合格する方がよいという風潮があったんですね。

齊藤　出征時、私の家族は、曾祖父母と父母と姉二人の六人家族でした。私はその時、母のお腹の中にいてまだ生まれていません。

父親は、五歳の時に自分の母親を亡くし、九歳で自分の父親を亡くしています。なので、曾祖父母（正夫にとって祖父母）に育てられました。ですから、赤紙が届いた時の曾祖父の悲しみは計り知れません。それは過去帳を見れば分かります。曾祖母は父親の出兵から二カ月後に力を落として亡くなり、曾祖父は昭和十八年三月に亡くなっています。これだけでも、どれほど辛い、悲しい出来事だったかと思います。

栢本　徴兵検査に合格すべきという社会風潮と、実際に徴兵に取られる家族の心情は、まったく違うものだったということなんですね。

齊藤　これは、父親が出征する日に撮った家族写真です（写真42）。曾祖父は、孫である父親を戦地に送りたくないと、怒り狂ったそうです。曾祖父が、「家の前で写真を撮ってはならぬ」と言ったので、家族は藁を入れておく小屋の前で写真を撮ることになったそうです。曾祖父は、怒って家の中から出てこなかったので、この写真には入っていません。いかに孫の出征を嫌がったか、心配であったか、分かるような気がします。

私には姉が二人おりました。上の姉は、自分で歩くこともできない重度の身体障害者であったため、母親に抱っこされて写真に写っています。私は母親のお腹の中におりました。父親の叔父家族も一緒に写っています。

椙本　そのような中、お父様は出征されたのですね。

齊藤　秋田第十七連隊第八師団の入隊から満州までは、私の夫の父親の齊藤千代松さんと同じ部隊でした。昭和十九年、南方の戦局が悪化して、秋田の第十七連隊出身者はみんな南方に派遣されたそうです。ところがその頃、父親は痔を患って満州の陸軍病院に入院していたので、一緒に南方に行くことができませんでした。父親はみんなと一緒に南方に行きたくて、とても悲しくて、病室の小さな窓から涙を流して見送ったそうです。

父親は五カ月間入院していたので、退院した頃には、自分の部隊はもう南方へ行っていて、いませんでした。そこで別の隊に転属となり、国境警備の任に着いたそうです。その頃、ソ連はドイツ戦に主力を置いていて、満州の国境付近は手薄になっていたそうです。「今攻めたら、難なくやっつけられるのになぁ」と父親たちは話していたそうです。

日本とロシアの間には、日ソ中立条約があったので、一発の弾も撃ち込んではいけないという厳しい命令を受けていたそうです。ところがソ連軍は、一九四五年八月八日に進軍してきました。その日は日曜日だったそうです。ソ連軍の爆撃を八日と九日の二日間にわたって受けたそうです。父親たちは、昼間は飛行機、夜は戦車で、ソ連軍に追いまくられたそうです。日本軍は、ただただ逃げるだけだったそうです。そして八月十五日に終戦となりました。

椙本　満州で終戦を迎えた後、どうなったんでしょうか。

齊藤　「戦争が終わったから、武器と一緒に山から出てこい」と、ソ連軍に命令されたそうです。身につけている物はすべて、時計も万年筆もみんな、ソ連兵に取り上げられたそうです。「これからが地獄だった」と父親は話していました。

椙本　終戦からが地獄とは、お父様に何がおきたんですか。

齊藤　ソ連兵の監視のもと何日も歩かされたそうです。父親たちは最初、戦争が終わったので、日本に帰れると思ったそうです。ですが、何日も汽車に乗せられ、車両は外から錠をかけられて、行けども行けども、海のにおいも塩のにおいもしないので、これはおかしいなと思ったそうです。

十一月二十九日、コムソモリの捕虜収容所（コムソモリスク・ナ・アムーレ収容所）[*31]に入れられたその時、自分たちは敗戦による捕虜になったのだと、初めて分かったそうです。

椙本　何の説明もなく、収容所に入れられたのですね。

齊藤　父親がいた捕虜収容所には、千人ほどの日本兵がいたそうです。ソ連兵の厳重な監視のもとで、黒パン一個をかじり、馬に食わせるコーリャンやエンバクを粥にして、きつい労働に耐えたそうです。一九四五年の冬から一九四六年の春までに、千人の捕虜が半数ほどになったと父親は言っておりました。

＊31　コムソモリの捕虜収容所（ほりょしゅうようじょ）：コムソモリスクは、人員1万5千人を超える有数の収容所だった。バム鉄道の起点にあたり、日本人抑留者は新興工業都市の建設のため、森林伐採や建設工事など様々な労働に従事させられた。ソ連やモンゴルでの全抑留期間の死亡者約6万人のうち、寒さ、飢え、重労働により、約8割が1945～1946年の冬に亡くなったといわれている。コムソモリスク収容所では、この最初の冬に約2千人が亡くなったとされる。（富田武、2016、『シベリア抑留』、中公新書）

零下四〇度以下のシベリアの冬の寒さの中で、木の伐採、整理、運搬など、夜間の作業に出ることもあったそうです。朝目が覚めると何人も亡くなっていたそうで、ほとんどが食糧不足と栄養失調と強制労働によるものだったようです。

亡くなった人を葬るにも、凍土でスコップが立たず、雪に穴を掘って埋めたそうです。生き残った者も、鳥目になって、夕方になると目が見えなくなったそうです。私の父親もトラックで運搬する木材整理の夜間作業に出て、零下四〇度の大変な寒さの中、無理をして肺炎になり、二カ月入院したそうです。毎日毎日、食べ物のことと日本に帰ることばかりを、コソコソと話しておったそうです。

そして共産主義の勉強もさせられたようです。搾取階級を征伐せよと、日本人同士の争いが始まり、「暁に祈る」とか言って殺し合うこともあったそうです。

相本　極寒という極限状態で、さらに日本人同士が殺し合っていく…。すさまじい状況ですね。他方で、残された家族も大変だったのではないでしょうか。

齊藤　父親が出兵して五カ月後に私が生まれました。曾祖父母が亡くなってからは、母親と姉二人と私の四人家族で父親の帰りを待ちました。私たちは、ただ一日も早く戦争が終わって、父親が無事に帰って来ることを祈っていました。母親はあっちこっちの神様にお願いしていました。私も百度参りを何度もさせられた記憶があります。

終戦後、父親がシベリアに抑留されたのは分かっていました。でも、便り一つないので、親戚や近所の人たちから、「亡くなった人をいつまで待つのか」と言われました。でも、母親は必ず帰ってくると信じて諦めなかったようでした。夕方になると、私たちは母親に「シベリアどっち」と聞きます。すると母親は「シベリアあっち」と北の方を指さします。ご飯を食べた後、居間で母子四人がシベリアの方角に向かって、「オド（お父さん）早く帰ってこーい」と毎日叫んでいました。姉の一人は重度の障害者で、「あー、あー」としか言えませんけれども、北に向かって叫んでいました。

椙本　戦後六年たって、やっとお父様は戻ってこられたんですね。

齊藤　昭和二十六年、私が十歳の時、やっと父親が引き揚げてきました。生きては帰れないと思っていた父親は、ナホトカ港から舞鶴港に上陸した時、「ああ日本に再び帰ってきたのだという感激が、深く胸にしみた」と言っていました。

私は父親の出征時、母親のお腹にいたので、父親が帰ってきてもすぐにはなじめませんでした。この写真は、私が生まれた時に父親に送ったものです（写真43）。父親はこの写真を持って、シベリアから帰ってきたのです。なので、しわくちゃです。しわくちゃのしわしわですけれども、これを肌身離さずにいたということで、持って帰ってくることができました。

写真43．父が持ち帰った家族写真（前から順に齊藤キミ子氏、キミ子の姉千代、母ハナヨ、母の父金治）

椙本　この家族写真が、お父様のお守りだったように思います。

齊藤　父親は帰ってこられましたけれど、母親は精魂つき果てて大病を患い、病弱の身になり、一九五八年三月に亡くなってしまいました。あの戦争がなければ、母親はきっと長生きできたと思います。それを思うと私は、母親を戦争で亡くしたと言いたいです。シベリアの話ができて、父親もきっと草葉の陰で喜んでいると思います。

6. 人の命も紙一枚

齊藤　信夫 氏
（さいとう　のぶお）

写真44. 出征時の家族写真
（左から信夫、母、父）

略歴
1940（昭和15）年秋田市生まれ。
父千代松、母トミ、姉2人の5人家族。
1歳半の時に父親が出征し、戦死。
川添小学校、川添中学校、金足農業高校、消防大学校を卒業。
秋田県河辺雄和地区消防本部に就職し、秋田県消防学校教務班を経て退職。
現在、平沢地区ほ場整備推進協議会会長。

はじめにで書いたように、齊藤信夫さんとキミ子さんご夫妻との出会いは、本書をつくるきっかけになりました。二〇一六年二月、お二人の戦争体験を聞いたことで、学生時代に出会ったフィリピンの戦争の記憶と秋田が私の中でつながりました。そして、自分の学生たちにもぜひ知ってほしいという思いがわき立ち、講演後にすぐお願いをしました。信夫さんのお話は分かりやすいだけでなく、感情が伝わるような語り口です。信夫さんが声を振るわせる度に、抱き続ける辛さや悔しさがいかに深いものか、気づかされます。

＊32　赤紙（あかがみ）：赤紙臨時招集令状。在郷軍人を収集する命令書。充員召集、臨時召集、国民兵召集には、淡赤色の紙を用いたので、俗に赤紙と呼ばれる。

写真45：出征時の家族写真（前列中央が父、その両側が二人の姉。後列左から、信夫、母、父の両親、父の弟）

齊藤　私の父親が出征したのは二十七歳でした。その時、母親は二十二歳、私は一歳半でした。これがその時の写真で、母親に抱えられている子が私です（写真44）。

椙本　お父様が出征された時、まだ小さかったんですね。

齊藤　私の家は米を作る農家でした。当時は、今のように機械化されていなかったので、馬と人の手で米をつくっていて、田植えは、今より一カ月くらい遅い六月十日くらいでした。昭和十六年六月、ようやく田植えが終わってほっとしていた時、父親に赤紙[＊32]が来たそうです。本人はもとより、家族は非常に動揺したそうです。でも、赤紙から逃れることは絶対にできなかった。泣く泣く受け取ったそうです。

椙本　家族にとって、赤紙は大きな衝撃だったんですね。

齊藤　赤紙が来てから一週間ほどで入隊するまでの間、父親はあまりに心配してガラッと痩せてしまったそうです。出征時に撮った家族写真の父親は、そういう姿です（写真45）。私には姉が二人いますけど、写真撮影の時は、はしかにかかっていて大変だったそうです。そんな状況で撮った家族の写真です。その後、たくさんの村人たちが集まって、父親の姿が見えなくなるまで見送ってくれたそうです。でも、最愛の妻子と離れざるを得なかった父親、見送った家族の悲しみは、いかばかりであったろうと思います。

椙本　残されたご家族も、大変だったのではないですか。

齊藤　父親の出征前、私の家には合計三町歩ほどの田んぼがあったようです。当時の農家としては大きくて、二十歳くらいの若勢を二人雇っていたようです。でも田んぼの半分を働き手のある家や小作農家に貸して、若勢も家に帰して、父親は出征したそうです。残された家族は、父親に陰膳を供えて、無事を祈り続けました。
　写真にも写っている叔父は、父親と十歳ほど年が違っていて、当時十五歳でしたが、父親がいない間は、この叔父が家を守ってくれました。でも叔父も十七歳で召集されました。叔父が、強首の演習場まで行軍した時があって、我が家の近くを通ることになったんです。私はまだ小さかったんですが、この時、おにぎりやチマキを叔父に差し入れたのを覚えています。

写真46・満州の父親の写真

椙本　戦争中の記憶は他にもありますか。
齊藤　その頃、芋、南瓜《かぼちゃ》、大根などを入れた雑炊やクズ米でつくったすいとんを食べていましたね。白米統制令や米の供出制度[*33]があって、農家でも米を節約するために、すいとんを日常食にしたようです。それから、近所の橋の鉄の欄干がなくなったという記憶があります。戦争で鉄が不足して、一般家庭も最低限のものだけ残して、金属は押収されたようですし、お寺や神社の鐘も持っていかれたようです。そして土崎空襲ですね。当時五歳でしたが、家の外に出ると、遠くの空が真っ赤になっていたのを記憶しています。

＊33　米の供出制度（きょうしゅつせいど）：第二次世界大戦時の食糧不足に対処するため、1942年制定の食糧管理法にもとづき、国が食糧（米・麦・雑穀・芋）を管理した。生産者は、自家保有量以外をすべて政府に公定価格で供出し、政府は食糧営団などを通じて米穀通帳などにより公定価格で消費者に配給した。違反には刑事罰が適用されたが、闇取引も横行した。

写真47．満州で馬と写る父親

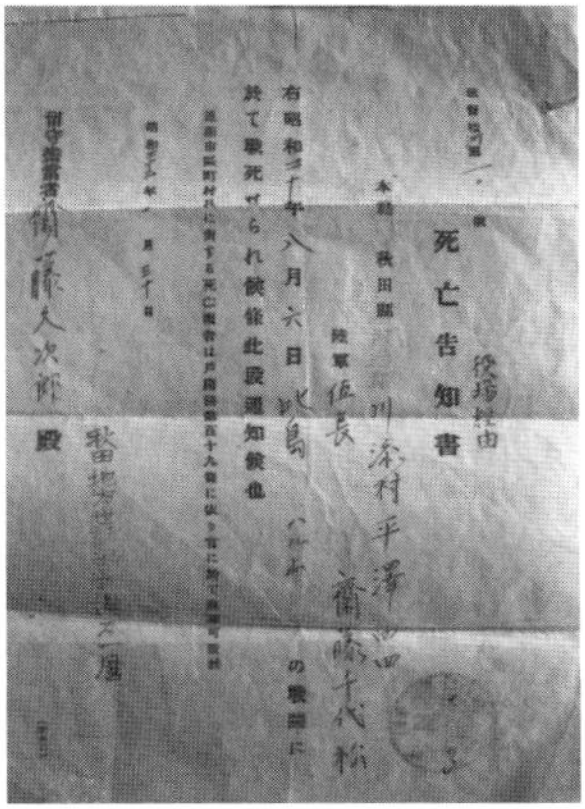

役場経由

死亡告知書

本籍 秋田縣 川添村平澤 陸軍伍長 齊藤千代松

右昭和二十年八月六日 比島 ハル山 の戦闘に於て戦死せられ候條此段通知候也

昭和二十二年一月三十日

留守担当者 齊藤久次郎 殿

写真48．父の死亡告知書

椙本　その翌日ですよね、戦争が終わったのは。

齊藤　はい。終戦になったけれど、私の家は途方に暮れていました。父親が生きているのか、分からなかったからです。

戦争中は、父親からの手紙で、満州に行ってから南方のフィリピンに行ったことは分かっていました。父親が送ってくれた写真を見ると、満州にいた頃の父親は、太っていて余裕が感じられます（写真46）。私の家では、農耕用の馬を飼っていて、父親は馬がとても好きだったようです。満州の写真でも、父親は馬を引いていますね（写真47）。でもそれ以降の父親の詳細は、分かりませんでした。

椙本　終戦後も、ご家族はお父様を待っていたのですね。

齊藤　それから一年半ほどたった昭和二十二年一月三十日に、役場から死亡告知書が届きました（写真48）。フィリピンのハル山というところで死んだという通知です。でも私の家族はそれを信じませんでした。どこかで生きているのでは、と思い込んでいました。

二月十七日になると、役場から遺骨伝達の通知が届きました（写真49）。通知には次のように書いてありました。

「戦没者に対し三月二十日秋田市妙覚寺に於いて遺骨伝達式を執行の旨通知がありましたから御連絡致します。尚今回は本骨並びに代骨（現

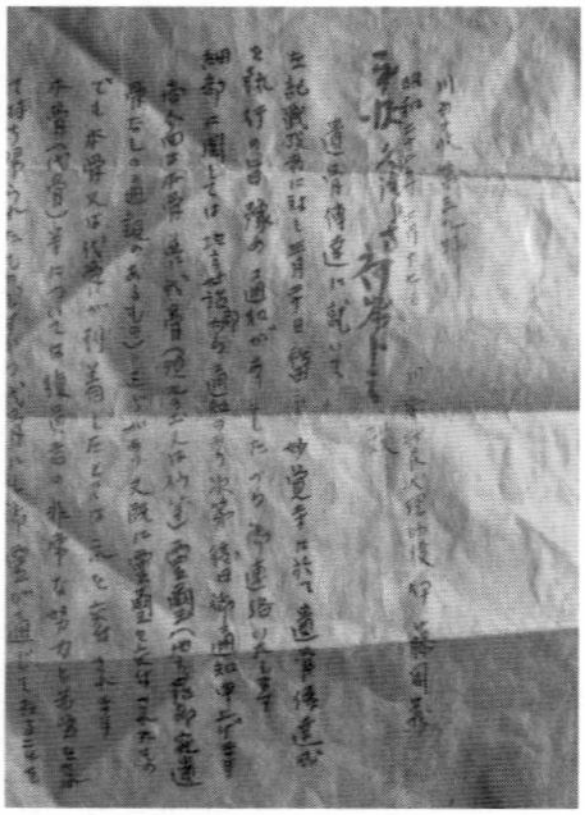

写真49．父の遺骨伝達通知

地の土又は砂等）霊璽（骨なしの通報のあるもの）の区分があり又既に霊璽を交付されたものでも本骨又は代骨が到着したときはこれを交付されます。本骨（代骨）等については復員者の非常な努力と苦労をされて持ち帰られたものですから代骨にも御霊が通じていることを御了察の上御受領下さるようお含み下さい」

椙本　お父様の遺骨の代わりになるものを引き渡すので、取りに来てくださいという内容ですね。

齊藤　受け取りに行ったところ、箱の中に、人の指ぐらいの真っ黒に焦げた木の枝のようなものが入っていました。これが父親の代骨でした。母親は、それに覆いかぶさって、大きな声で、「足が無くとも、手が無くともいい、帰ってきてほしかった」と泣きくずれていました。白布に包まれた白木の箱を、胸に抱いて歩いて帰った母親の姿がとても哀れでした。赤紙一枚で召集され、死亡告知も紙一枚、遺骨伝達も紙一枚。当時は、人の命も紙一枚で終わったといえます。

椙本　紙一枚で命が扱われてしまう、非情さ、異常さが、戦争…。戦争が終わって、生活はどうなりましたか。

齊藤　終戦とともに、これまで抑えられていた世の中が、大きく変わりました。終戦まで、家族が出兵したり戦死したりした家には、農作業などの手伝いに来てくれる人がいました。戦争中は、助け合いがあった。けれど、終戦とともに、誰も手伝いに来

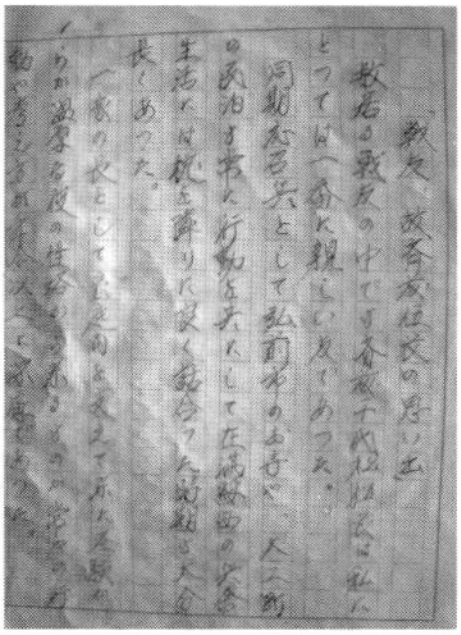

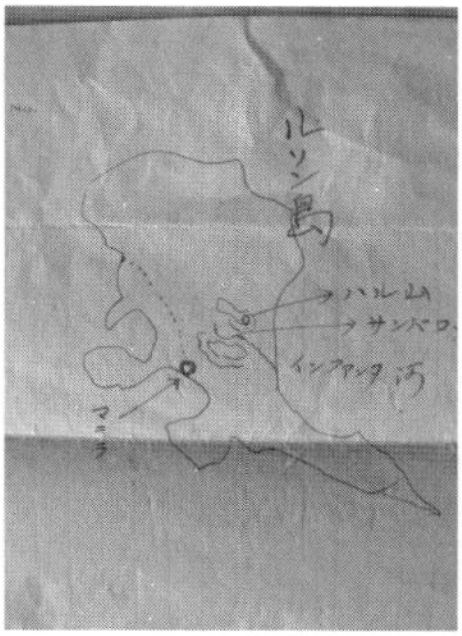

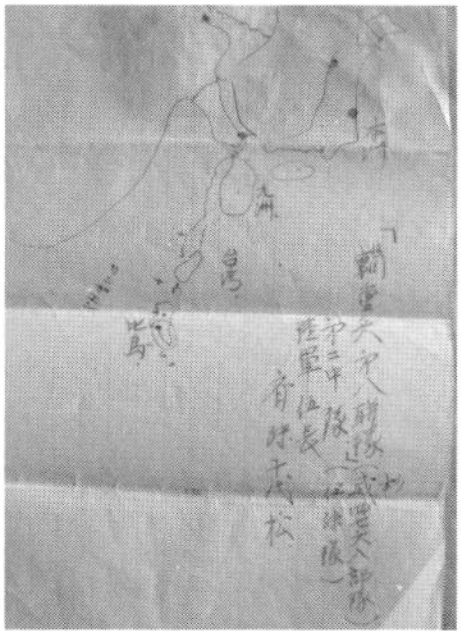

写真50．父の戦友の手紙

てくれなくなりました。みんな勝ちに走ったのです。裕福な家には人が集まってくるが、貧乏な家からはさーっと人が離れていくのです。

私の家は父親の戦死で働き手がいない。それだけでなく、父親の召集時に貸した田畑は、農地改革で戻ってきませんでした。不在地主ほど大きくなくても、私の家のように、戦争中に働き手がいなくて人に貸していた田んぼも、農地改革の対象に入ってしまったのです。私の家では、半分ほどの一町歩くらいが返ってこなくて、貧乏になっていきました。

椙本　戦争が終わってから、どんどん生活が厳しくなったんですね。

齊藤　私がまだ幼かったころ戦争未亡人とか戦争遺児という言葉がありました。偏見だとか、差別だとか、いじめだとかがありました。母子家庭は、惨めなものでした。私は父親が子どもにどのように接するかも知らないで、小さい時から母親の苦労を見てきましたので、戦争が生み出す歪みのようなものを見て育ってきました。母親は八十五歳で亡くなりましたが、男よりも強かった。やはり、一家を支えなければならないという気持ちだったと思います。そして母親は、父親がフィリピンのどこかで生きているのではないかと、夢想していたようにも思います。

椙本　遺骨が戻らないし、はっきりした情報もないとなれば、なおさら受け入れにくいですよね。

写真51．フィリピンの慰霊碑

齊藤　ところが、父親の戦友が七十歳になって、私の家に来たんです。自分が死ぬ前に、戦友の家族に当時のことを報告しなければならない、という思いから来てくださったそうです。でも、戦争で帰ってきた人と亡くなった人の差があまりに大きくて、すぐには来られなかったそうです。その方は、父親が兵隊になってから、死ぬまでのことを全部手紙に書いてくれました(写真50)。それによって、戦場での父親のことが分かったんです。

椙本　戦後何十年もたって、知らせてくださる戦友の方がいた。そしてその方も、複雑な思いを抱えて生きてきたんですね。

齊藤　その方の手紙によると、父親はまず秋田第十七連隊に入隊して、秋田駅から汽車に乗って弘前まで行き、第八師団に入りました。そして満州、朝鮮、台湾へ進軍して、昭和十九年、激戦の南方フィリピンのルソン島へ転戦したそうです。フィリピンでは輜重《しちょう》兵という、武器、銃弾、材料などを運ぶ役目だったようです。道がぬかるんでいただろうから、ほとんど人力で引っ張ったのだと思います。

手紙には、輜重兵第八連隊として比島東方山岳ハル山の戦闘で戦死したと書かれていました。手描きの地図には、ハル山も書かれていました。昭和二十年八月六日の朝、三人の偵察斥候が出されたそうです。一定間隔をおいて進み、密林地帯から開割地に出たところを、米比軍に襲撃されて二人が即死し、まだ密林に残っていた一人が逃げてきたと書かれていました。襲撃された一人が父親でした。

写真52．追悼式の様子

父親の戦友は、「立派な戦死だったよ」と。手紙にも書いてあるし、家に来た時もそれを強調していました。なぜかといえば、フィリピンでの戦死者は五十万人といわれていますが、その三分の二以上が、餓死やマラリアで死んだようです。私の父親は、実際に戦って死んだということで、立派な戦死だったということです。

椙本　戦場でのお父様の様子を、詳細に教えてくださったんですね。

齊藤　六十八歳で退職をした年、私は父親が眠るフィリピン・ルソン島の慰霊訪問に参加しました。日本政府が最初に慰霊碑を建てた場所がフィリピンです。慰霊碑で追悼式を行う時、それまでの快晴が一変して雷雨になって、終わるとまた快晴になりました（写真51）。毎回このようなことが起こるそうで、これを涙雨と言うそうです。私の献花の時も雷雨になりました（写真52）。五十万の霊が、まだフィリピンの空にいるのかなという風に思いました。

椙本　私のフィリピンの友人も涙雨のことを教えてくれましたが、本当だったんですね。

齊藤　現地の案内人から、当時の日本軍の状況も聞きました。武器に乏しく、食糧もなく、マラリア等の病気にかかっても薬もない。手榴弾だけ持ってアメリカの戦車に体当たりに行く。あるいは刀で夜間の切り込みに行くという捨て身の戦闘をしたそうです。想像を超える、無謀で悲惨な話でした。

椙本　私もフィリピンで調査をしていた大学院生時に、同様の話を聞きました。

写真53．フィリピンのワワダムにて

齊藤　それから、父親が亡くなったハル山に行こうとしましたが、道路事情も悪いし、まだ山賊のようなものもいるからと行って、近くのダムまでしか行けませんでした（写真53）。周りの山には穴がたくさんあって、日本兵が隠れた穴だと教えてもらいました。

父親が出征した時、私は一歳半だったので、父親の顔も何も全然わかりません。お父さんと呼んだことは一回もないんです。でもハル山を前に、この先行けないよと言われた時、突然、「お父さん迎えに来たよ」と声が出たんです。同時に、死ぬ時に父親が何を考えていたのだろうかと思いました。父母のことか、妻のことか、三人の子どものことか。あるいは日本がこれからどうなるだろうか、そんなことを考えたんじゃないかなと思ったわけです。

日本でこんな戦争を起こして、なんということかと、私自身、当時の国家体制に憤りを感じました。普段そんなことは考えないけれど、現地に行ってみると全部頭の中に出てくるんです。私の墓の隣が父親の墓で、一緒に先祖の墓もあります（写真54）。帰国後、近隣の方から頼まれて、フィリピンの砂を分けてあげました。

椙本　現地に行くことで感じられるものが、確かにあるんですね。戦争を知らない世代に向けて、メッセージはありますか。

齊藤　日本はなぜ戦争をしたのだろうかと考えると、やはり教育が間違ったのではないかと思うのです。当時、日本男子に生れて戦争に参加しない人は、一生の恥とされ

写真54．父と先祖と自身の墓

ました。学校から生活までもが、戦争に巻き込まれるようになっていきました。

今の世代は、平和教育、民主教育のもとで最高の教育を受けています。これからも戦争のない平和な社会を実現して、すべての子どもたちが平和な社会で教育を受けられるよう、平和を学び考える人になってほしいです。間違った教育で戦争が拡大して、戦死者も被害も大きくなりました。教育が何よりも一番大切だと思っています。

戦争では、殺す側も殺される側も生き残る側も、人間でなくなってしまいます。それが戦争の真の恐さであり、想像を絶する戦争の悲惨さを現代の子どもに語りつぐ難しさだと思っています。見て、聞いて、学ぶ。最後は自分を信じて自分で決める力の大切さを、伝えたいと思っています。

齊藤信夫さんのお話を伺った後、予想もしていなかった出来事が起こりました。父千代松さんの日章旗が、返還されるという知らせが入ったというのです。この奇跡の出来事について、この後のⅡでご紹介します。

II．記憶を受け止める

Ⅰで紹介した戦争体験の記憶を、次世代はどのように受け止めているのでしょうか。ここでは、次世代の記憶の継承について考えます。

本書に登場する齊藤信夫さん、キミ子さんご夫妻には、私の授業やワークショップで、学生に戦争体験を話していただいています。回を重ねるうちに、一緒に聞く学生からの刺激も受けて、私自身も関心が高まり、他の語り部に話を聞きに行ったり、米国のＮＰＯを訪ねに行ったりするようになりました。ここでは、学生の声や米国ＮＰＯへの訪問も含めた、聞き手である私の体験をお話しする形で、次世代が戦争の記憶を受け止めるとはどういうことか、その複雑さや可能性を考えたいと思います。

1. 次世代はどう受け止めるのか

まず私が勤める国際教養大学は、教員の約半数が外国人、学生の約二割が留学生という多文化なキャンパスで、英語で授業を行っています。齊藤さんご夫妻に話を聞いた秋田農村学授業の履修生は、約半数が留学生で、出身国も様々です。[※1] 二人が日本語で話す間、英語の字幕をスライドに映し、質疑応答は私や日本人学生が通訳をしました。

このような多文化な環境では、聞き手の反応も実に様々です。一般的に戦争体験を聞くことは、次世代が戦争の悲惨さを学び、平和を求めて行動するためと位置づけられます。もちろん多くの学生が、そのような感想を言いますが、立場や時代の違いによる、戸惑いや葛藤を素直に表す学生もいます。戦争の記憶を受け止めることは、一筋縄ではいかぬこと。その複雑さや困難さも、あわせて受け止める必要があるのではないでしょうか。

※1　二〇一三年度からこれまでに、アメリカ、台湾、フランス、タイ、ブルネイ、ラトビア、イギリス、中国、ニュージーランド、香港、シンガポール、韓国、スウェーデン、オーストラリア、ドイツなど。

写真1. フィリピン・ルソン島の農山村

フィリピンでの戦争体験との出会い

かくいう私も、秋田の方々から戦争体験を聞いて複雑な気持ちになった一人でした。それは、国際教養大学に就職する前、学生だった頃に、フィリピンで住民から聞いていた戦争体験と、まったく異なるものだったからです。まず私自身が、戦争体験を聞く難しさに直面しました。

二十代の頃、私は毎年のようにフィリピン・ルソン島の農山村に行っていました。最初は、大学学部の植林ボランティア活動で、夏休みの二週間ほど。大学院生になると、住民の暮らしや森林利用を調査するために、数週間から数カ月ほどホームステイをしていました（写真1、2、3、4）。

写真2. フィリピンでの森林調査

写真3. フィリピンの田植えの様子

初めてフィリピンで戦争の記憶と出会ったのは、大学二年生の夏。村を一緒に散歩していたホストファミリーが言いました。「戦争中、この山にたくさん日本兵がいたんだよ」。予期せぬ言葉に、私は返事ができませんでした。それまで穏やかな農村だと思っていた景色が、緊張感のある重苦しいものに変わりました。そしてフィリピンの人たちが、散歩をしながら戦争について話す姿に、戦争の記憶とともに生きているように感じて、その身近さにも驚きました。

私の祖父母は、戦争の話をあまりしたがらず、家族や親族の中で戦争が話題になることも、あまりありませんでした。それもあって、戦争は遠い出来事のように感じていました。ところがフィリピンでは、訪問する先々で、住民が戦争の記憶を語り出すのです。そしてその多くが日本兵に関するものでした。

よく聞かれたのが、「バッキャローってどういう意味？」という質問です。遠くから住民が大声で、ときには群がってきた子どもたちが笑顔で、「バッキャロー！」と言うこともありました。たまたま出会った日本人に、意味も分からぬまま、知っている日本語を使ったようですが、言われる度に私はドキッとしました。馬鹿野郎という意味だと分かったからです。

どうやって知ったのか聞くと、親や祖父母が、子や孫に戦争体験を話す中で、よく日本兵がフィリピン人に対して使った言葉として出てきたとのことでした。家族の間で戦争体験を語り継ぐうちに、若い世代にも伝わっていったのです。言葉の意味を問うたフィリピン人に、よい意味ではないと伝えると、やはりそうかと納得していたので、家族から聞いた戦争体験から、バッキャローの意味も想像していたようでした。

調査では住民や森林官にガイドを頼むのですが、ある時、山に入ろうとすると「その前にここで何があったか知っているのか」と問われました。戦争中は山中の穴に日本兵が潜伏して、住民と激しい戦いをしたと説明を受けました。山の中で植生を調べていると、「この植物の根は毒があるが、食糧がなくなった日本兵が食べて腹を下していた」と教えてもらいました。トゲのあるその根は、食べてみようとも思えない見た目だったので、日本兵の飢餓状態が想像されて、胸が痛みました。

写真4. フィリピンの森林組合員と一緒に

村の中にも、色々な記憶が残っていました。「この畑に穴を掘って日本兵を待ち伏せして殺したと父が話していた」と教えてくれた住民や、「戦争が終わってしばらくすると、山から日本兵が二人おりてきた。武器を放棄するから、食べ物をくれないかと、この場所で懇願されたんだ。でも戦争中に家族や友人が殺されていたので、ここで日本兵を殺した」と自宅の前で告白する住民もいました。食糧の強奪や強姦など、日本兵の残虐な行為についての話も聞きました。

一度だけ、日本兵と友情を育んだフィリピン人に会いました。戦争中に仲良くなった二人は、互いに家族の話をしたそうです。その日本兵は、バターンに行くことになり、生きていたらまた会おうと約束したそうです。そして、日本の家族に宛てた手紙を彼に託しました。「その後、会っていない。死んでしまったのだろう」。そう言いながら、七十年近くたっても、預かった手紙をとても大切に保管していました。「私が日本の家族に届けましょうか」とは言い出せず、彼もそれを頼むことはなく、また大事そうに手紙を缶の中にしまいました。

戦場となったフィリピンでは、多くの人が悲惨な経験をし、その記憶は今も、フィリピン人の間で継承されていました。日本人である私は、調査以前に、住民たちの戦争の記憶を知る姿勢が求められました。家族や友人間で戦争を語り継ぐフィリピン人に出会う度に、戦争の理解に乏しい日本人としての自分を自覚させられました。さらにフィリピン人にとって日本人が、戦争を想起させる存在になりうることに気づいたことで、私自身も戦争とのつながりを意識するようになりました。

異なる視点で語られる戦争

大学院を卒業して国際教養大学に就職すると、今度は秋田の人たちが、戦争の記憶を語ってくれたのです。それは、授業の準備や世間話の中で、何気なく出た家族や地域の昔話でした。秋田でも戦争の記憶は、家族や地域のルーツに関わっていると感じました。そして、齊藤信夫さんのお父様のように、秋田から出兵した多くの若者が、フィリピンで亡くなったことを知りました。私がフィリピンで聞いた日本兵は、秋田の若者だったかもしれないと思った瞬間に、もう戦争は遠い話ではなくなりました。

ただし、フィリピンと秋田では、まったく異なる視点から戦争体験が語られることに、私は当初、複雑な心境になりました。正直に言うと、どう受け止めればよいのか分かりませんでした。どちらも戦争の被害者の視点で語られることが多いのですが、双方から話を聞いた私には、戦争において加害者と被害者を明確に分けることや、一つの立場に立つことは難しいように思えました。

両者の記憶を聞いたことで、戦争が、敵対する者同士が殺戮し合う相互行為であり、敵と味方、正義と悪、加害と被害は、立場が違えば簡単に逆転しうるのだと痛感しました。一見、相反するような価値や立場は、戦争の全体性の中では、表裏一体になっている。それこそが、戦争の恐ろしさであると考えるようになりました。

対立軸を鮮明にしたり、敵と味方に分けたりしようとしても、戦争の本質は見えないのではないか。戦争の記憶を聞く側には、その全体性や相互性を見据えたうえで、自分なりの気づきを得る力が必要になるのかもしれません。それを気づかせてくれたのが、私の学生たちであり、さらに一歩進んで、立場の違い(かつての敵同士)を乗り越えて、両者をつなぐ活動をされている米国のＮＰＯでした。

学生はどう受け止めたのか

教員である私が内心戸惑っている横で、学生はどうだったのでしょうか。齊藤さんご夫妻の戦争体験を聞いた学生の感想は様々でした(写真5)。

写真5. 戦争体験を聞く授業の様子

平和を希求する

もっとも多い感想は、「二人が経験したような悲惨な戦争を二度としてはならない。その意識を持って自分も行動していきたい」という内容です。戦争の悲惨さを知ることで、改めて平和とは何かを考え、それを願う気持ちを持つということです。国や地域の異なる学生が一緒に授業を受けて、戦争について議論をするという授業風景そのものが、戦争をしていないからこその現実であると気づき、当たり前だと思っていた日常を見直す学生も多くいます。自分の経験を通した方が、平和について実感しやすいのだと思います。

想像や共感のしにくさ

したがって、自分の経験を踏まえて感想を言おうとすればするほど、今度は語り手と自分との大きな違いに直面して、想像することが難しくなります。生と死が隣り合わせにある日々や、食べる物がない困窮状態など、当時の生活苦と今の暮らしとは、確かに大きな違いがあります。それだけでなく、当時の人々の考え方にも、驚き、戸惑う学生も多くいます。

たとえば、齊藤キミ子さんのお父様が、徴兵検査で結核のことを伝えずに合格したことに驚く学生。また留学や交流を通して親しみを持つ米国やロシアが、かつての敵国として登場し、敵兵への憎悪や恐怖が語られることで、自分と語り手との違いに戸惑う学生もいます。

理性では、戦争における敵国の存在や敵兵への憎悪があることを理解できても、その語りに違和感や拒否感を持ってしまい、感情では受け入れにくいこともあります。受け止めたいけれど、受け止めきれない、その狭間でゆれ動く学生の姿は、私も含めた次世代のごく自然な反応のように思います。

個人の体験が持つ現実感

当事者である語り手と次世代の聞き手が、断絶をせずに、互いに関心を持ち続けるための鍵となっているのが、個人の体験を聞くことだと思います。日本人学生に多い感想として、戦争を歴史の知識として知っていたが、個人の経験として直接聞くのは初めてだったというものです。このような学生にとって、戦争に触れる場は学校の歴史の授業であり、戦争とは教科書に載っている知識だったのだと思います。

しかし当事者の体験として戦争を聞くことで、戦争は急に現実となります。そして目の前にいる語り手を直に感じることで、「想像しがたいからこそ、想像し続けなければいけないと思った」という尊重の言葉が生まれることもあります。知識として知ることと、現実の出来事として知ることには、大きな差があるのです。個人の体験談だからこそ、たとえ理解しきれなくとも、当事者に関心を持つことができるのだと気づかされました。

異なる立場を受け止める

秋田の戦争体験を聞いて、もっと複雑な心境になるのが留学生です。とくにかつて日本の敵国や占領地だった場合は、自国で聞いていたものと、まったく異なる視点で語られる戦争体験に、戸惑いながらも、受け止めようとする姿も見られます。

米国からの留学生は、自身の祖父の話を交えながら感想を言い始めました。「家族が離れ離れになってしまうことほど、悲しいものはありません。…戦争が終わると、夫や父親を亡くした家族は、戦争未亡人とか戦争遺児と呼ばれたと聞きました。この言葉によって、そう呼ばれた人は惨めな生活を送らざるを得なかったと思います。私の祖父は第二次世界大戦に出兵しました。その体験を、私も家族も聞いていました」そう言うと、声を詰まらせて涙し、話すことができなくなりました。自身の祖父と語り手の父親、双方のことを思って胸が苦しくなったそうです。しばらくして、「ですから、日本人の視点から戦争体験を聞くことは、私にとってとても重要なことです。今回のお話から、平和と結束の大切さを改めて実感しました。そして多様性や違いを受け入れることの大切さ、暴力や戦争をどうしたら軽減できるのかについて考えるきっかけになりました。戦争では、人間は武器となり、権力や資源を得るための道具になってしまいます」と話し終えました。

立場の異なる他者を受け入れることは、簡単ではありませんが、家族を持つ同じ人間であることに思いを致すことで、対立から一歩引いて考えることができます。

常に異なる他者を想像する力

とても印象に残っている感想があります。ラトビアからの留学生は、質疑応答の時間になってしばらくしてから、手を挙げました。「お二人の体験は、非常に苦しいものだったと思い、心が痛みました。そのうえで思うことは、苦しく辛かったのは日本人だけでなく、その対戦国だった人々も同様であるということです。お二人を否定するわけではありません。ただ、同じように苦しんだ相手がいることにも、私たちは思いをはせる必要があると思います」

私ははっとさせられました。バルト三国の一つであるラトビアは、多民族・多文化な国です。先の二つの大戦では、独立と他国による占領が繰り返され、一九九一年に旧ソ連から独立しましたが、この歴史に起因する複雑な国内事情が今も存在しています。だからこそ、この留学生は、一方の立場で物事を見たり語ったりする危うさを指摘したのだと思います。

それからは私も、立場の違いがあることを断ったうえで、秋田の戦争体験を聞く意味と限界を、予め学生に説明することにしました。戦争の全体性や相互性をふまえたうえで、聞く姿勢が大切だと反省しました。

また韓国の留学生は、ゆっくりと言葉を絞り出すように言いました。「第二次世界大戦をめぐって、日本と韓国は特別な関係にあります。二人の話から、教育の大切さを痛感しました。二人の過去の経験という歴史から学ぶ大切さです。両国とも戦争をめぐっては、自国の都合によって一部の歴史を無視して、相手を非難することがあります。私たちは、一方的に歴史を語るような姿勢をチェックしなければいけません。歴史の役割とは、二度と戦争を起こさない社会をつくるために学ぶ機会を与えてくれるものだと考えました」。この留学生が言うように、まず個人レベルで日常的に、戦争や平和について深く考えることが大切です。

留学生たちの感想は、戦争をめぐる国や人の対立や分断、立場の違いがあることを受け止めたうえで、それを乗り越える大切さを訴えるものです。立場によって、同時代の戦争体験の記憶は異なる視点で語られたり、異なる形で受け止められたりしますが、その違いを聞き手同士が知り合うことで、次世代は戦争をより多面的にとらえることができるのではないでしょうか。

2. 世代をつないだ奇跡

齊藤さんに起きた奇跡

齊藤さんご夫妻に戦争体験を聞くという授業を続けていると、期せずして、ある奇跡に遭遇することになりました。二〇一七年五月二十四日、齊藤信夫さんから送られてきた一通の手紙には、次のように書かれていました。

> 五月二十二日、父千代松の日章旗（出兵時の寄せ書き）が、アメリカで見つかったと、戦没者遺族連合会から突然連絡がありまして、戸惑うと同時に驚きました。日本の日章旗が戦利品として、アメリカで高額で売買されているとテレビや新聞で知ってはおりましたが、まさか父の日章旗が帰って《原文ママ》くるとは夢を見ている心境です。父がお守りとして身体から離さなかったと思われる日章旗が、帰ってくるとのことで、父は帰らなかったが、魂が帰って来るような想いがしています。
>
> アメリカのケイコさん（日本人）がアメリカ人と結婚され、アメリカに住み、日章旗等を日本に返すＯＢＯＮ（死者の霊が家に帰る日本のお盆の意味）というボランティア団体で活動をされているということで、返還されることになったと聞いております。本当にありがたいことと思っています。
>
> まだアメリカにあるそうですが、来る六月三十日までに帰ってくれれば、学生に見せることができると思っています。【著者修正】

読むうちに私の心臓はバクバクと音を立て始めました。千代松さんがフィリピンで戦死されてから七十二年。どうやってこの奇跡は起きたのか。とても冷静になれず、すぐ齊藤さんに電話をしました。感動とともに驚きや疑問が浮かんだので、当事者の齊藤さんが戸惑いや驚きを持たれたことに共感できました。

六月二十一日、秋田県遺族会館で千代松さんの日章旗の返還式が行われました。秋田市遺族会会長の伊藤薫さんから、信夫さんとキミ子さんに手渡されたそうです。翌日付の秋田魁新報には、信夫さんの話として、「母は『密林のどこかで夫が生きているのでは』と思い続けていた。ようやく遺骨に代わるものが届いたと仏前で報告できる」と記事が掲載されています。その年末、ご自宅に家族や親戚が集まり、千代松さんの日章旗のお披露目会を行ったそうです。みんなで驚き、感動したという信夫さんの話を聞いて、千代松さんの日章旗は、家族や親族の結びつきをより強めたのではないかと想像しました。

写真6. 返還された千代松さんの日章旗

さて、手紙の翌月、もともとご自宅でお二人の戦争体験を聞く予定だった私たちも、返還されたばかりの父千代松さんの日章旗に対面することができ、奇跡に立ち会わせてもらえたような気持ちになりました(写真6、7)。

信夫さんは、日章旗とともに送られてきたという手紙や資料も見せてくれました。そこには、返還を決意した米国在住のバリー・グロサースさん直筆の手紙がありました。手紙は「日章旗を返還できることを、家族一同で大変うれしく思っています」という書き出しでした。父親が日章旗を入手した経緯は分からないことを断ったうえで、父親の米国陸軍での経歴や、息子である自身も海兵隊として日本で訓練をした経験について書かれていました。最後に「戦争は悲惨なものであり、戦争をすることが何の答えにもならないことを学んでいく必要があると思います。あなた様とご親族様に、これからも平和な日々が続きますようにお祈り申し上げます。グロサース家より」と結ばれていました。

日章旗とお手紙を見せてもらい、戦争体験を聞いた後、ある日本人学生が質問をしました。「日章旗を返還してくれたバリーさんの父親は、もしかしたら自分の父親を殺したかもしれないとおっしゃっていましたが、その方について、今どのような思いを持っていますか」。信夫さんは「特別感情はわかない。憎いとかそういう思いはない。まず、父親の日章旗が返ってきたという驚きがある」と答えました。憎しみはないという信夫さんの言葉は、学生の心に強く響いたようです。

写真7. 齊藤さんの自宅で戦争体験を聞く

授業後、戦争の過去を変えることはできないが、二度と戦争が起きないよう次世代に伝えていこうとする齊藤さんご夫妻の姿勢に感銘したという感想が、複数の学生からありました。

戦争の果てに、憎しみを超えた関係がありうるのだという事実は、私たち次世代にとって希望になりました。

米国のＮＰＯに会いに行く

さて、英語で書かれたグロサース家の手紙には、日本語訳が添えられていました。訳者は、米国のＮＰＯ『ＯＢＯＮ ＳＯＣＩＥＴＹ（ソサエティ）』とありました。その他にも、ＯＢＯＮ ＳＯＣＩＥＴＹからの手紙、活動概要資料、千代松さんの日章旗に関する記録が同封されていたそうです。ＯＢＯＮ ＳＯＣＩＥＴＹから齊藤さんに宛てた手紙の一部を紹介します。

私共は、米国に在住し『ＯＢＯＮソサエティ』寄せ書き日の丸返還運動に取り組んでおります共同代表レックス＆敬子 ジークと申します。

この度は、日本遺族会や秋田県遺族連合会の関係者をはじめ、多くの方々のご協力のもとに齊藤千代松様のご遺族が判明し、日章旗をお受け取り頂けます事を、ＯＢＯＮソサエティの日米スタッフ一同、大変に嬉しく感激しております。

齊藤千代松様の日章旗は、ニューヨーク州在住米国人バリー・グロサースさんの父親（元米兵）が戦地から持ち帰られました。お父様は戦争については話されたことがなく、他界された後に、全米で放映されたテレビ番組でＯＢＯＮソサエティの活動が取り上げられた際に日章旗の意味を知り、バリーさんのお子さんとお孫さん三世代がそろって返還を希望されました。この度、ご遺族が判明したことをお伝えしました所、大変に感激をされ旗とともにグロサース家からのメッセージもお預かりいたしました。

残念ながら過去の辛い歴史を変えることはできませんが、戦後七十年余りが過ぎた今、日章旗返還を通して平和を考え、両国間のご家族にとって心に終止符を打たれることができればと願ってやみません。お若くして齊藤千代松様が散華されたのは、誠に無念でいらしたことと存じますが、長い年月をかけて戻られ、ご遺族に温かく迎えていただき感謝を申し上げるのと同時に、どうか安らかに故郷で眠られますように心からお祈り申し上げます。【著者修正】

手紙には、グロサース家への手紙をご希望の場合、同封してもらえれば英訳してお届けしますという言葉も添えられていました。フィリピン―米国―日本という空間と、七十二年の時間を超えて戻った千代松さんの日章旗。齊藤さんに起きた奇跡は、家族への想いと他者への良心が、いくつもつながった結果でした。そう感じた途端、私の中に、OBON SOCIETYについてもっと知りたい。できればジークご夫妻とお話ししたいという気持ちがわいてきました。それは、いつもの研究に関する知的好奇心とは異なる、温かくて穏やかな気持ちでした。

心のままにメールをしてみると、思いがけず、「アストリアにおいでください」とお返事をいただきました。二〇一九年八月、私はNPOの事務所がある米国オレゴン州のアストリアに向かいました。

3. 動きだした次世代：日章旗の返還

オレゴン州は北米西海岸に位置し、北にワシントン州、南にカリフォルニア州と接しています。米国で九番目に大きい面積(255,026km^2)で、人口四百万人ほどです。もともと様々な先住民族が住んでいましたが、十六世紀以降にヨーロッパから入植者が住むようになりました。当初、先住民は、交易が栄えるという理由でヨーロッパ人を歓迎したようですが、海外から持ち込まれた疫病による人口減少やコロンビア川の資源利用をめぐって、対立するようになりました。十九世紀初めになると、英国と合衆国がこの地域を共同保有するようになり、一八三〇年代から本格的な開拓が始まりました。

写真8. アストリアの海沿いの散歩道

　州を流れるコロンビア川の河口にあるアストリアには、当時盛んだった毛皮産業の貿易拠点として砦《とりで》がつくられ、以来、港町として発展してきました。しかし毛皮産業はすでに衰退し、その後栄えた漁業や加工業(主に缶詰工場)や材木業も衰退した今日、主な産業は観光、芸術、軽工業に変わっています。

　私が行った八月は、ちょうど夏の休暇の時期で、空港のあるポートランドから乗ったアストリア行きの大型バスは、観光客とおぼしき若者や家族で満席でした。明るい声が飛び交う車内で私は、ジークご夫妻に会いたい気持ちだけで来てしまった自分自身への戸惑いと、そんな私を受け入れてもらえるのか、不安になっていました。降り立ったアストリアは快晴で、空も海も街も人々もまぶしく映りました(写真8)。

翌朝、泊まっていたB&Bにジークご夫妻が迎えに来てくれました。車でアストリアの町を案内してくださった後、OBON SOCIETYの事務所に向かいました。「実は、前日まで少し緊張していた」と、二人が明かしてくれたのは、ご自宅で夕食をいただいた時です。お互い同じ気持ちだったようです。二人は八月五〜六日、NPOに関係する場所やスタッフを紹介してくださり、これまでの活動や返還の仕組みについて丁寧に教えてくれました。

OBON SOCIETYとは

OBON SOCIETYは、米国オレゴン州公認の非営利組織です。二〇〇九年五月に、日章旗を返還したい人と受け取る遺族の橋渡しをするため、ジーク・レックスさん、敬子さんご夫妻がOBON 2015を立ち上げました(写真9)。二〇一九年八月六日までに、退役軍人やその家族から返還を託された品物は千四百十七点。このうち遺族等に返還された数は、二百七十五(一カ所に複数点が返還される場合もある)にのぼります。非営利なので、提供者にも遺族にも無償で返還活動をしています。

OBON 2015という名称は、戦後七十年にあたる二〇一五年までに、返還活動について世間の理解を得ようという目標から名づけたそうです。最初の数年間は、その方法を模索する日々だったそうで、ホームページによる周知や、日本のボランティアスタッフによる遺族の捜査など、活動体制が整ったのは二〇一四年ごろでした。

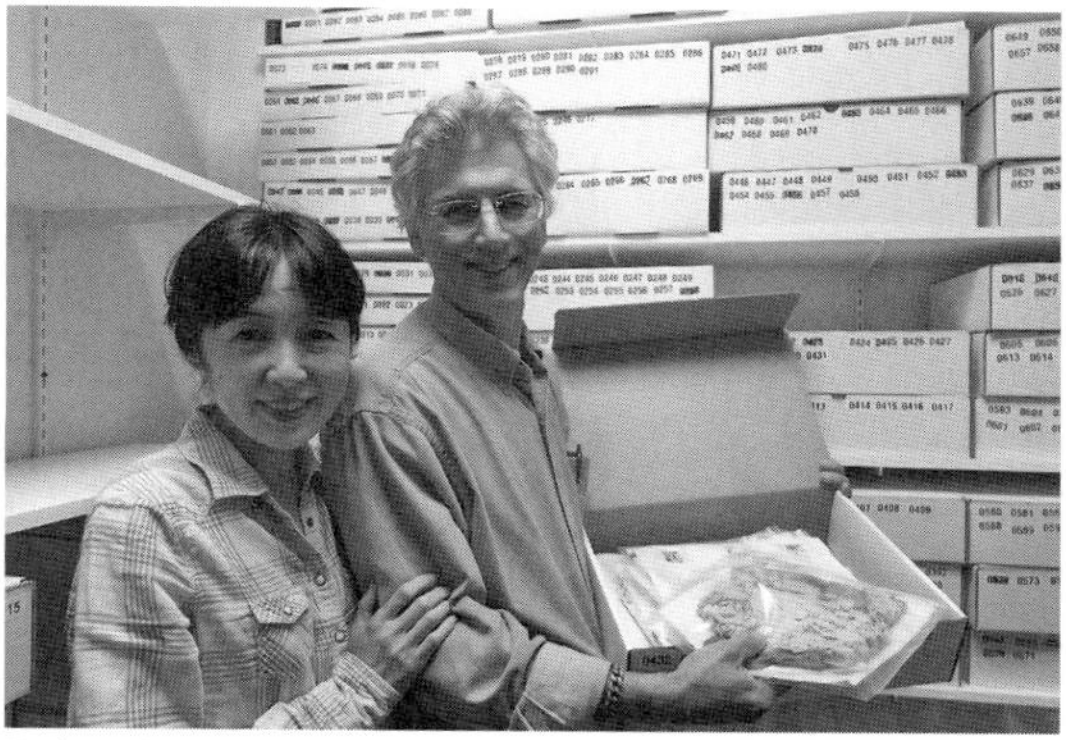

写真9. ジーク・レックスさん、敬子さんご夫妻(事務所の保管室にて)

翌年に日本政府に活動が認められて、首相官邸で安倍総理を表敬訪問し、さらに外務大臣表彰を受賞されました。二〇一六年から名称を現在のOBON SOCIETYへ変更し、翌年にオレゴン州から非営利団体として認定を受けました。この頃から、日本の遺族会と連携できるようになり、返還先の捜索がより早く進むようになったそうです(図1)。

活動の目的には、「非営利、非政治、非宗教の立場のもと、国家間の絆をつなぎ、両国民が平和と友好をともに分かち合える未来をつくる人道的活動を目的とする。先の大戦時に、連合軍兵士たちが持ち帰った『寄せ書き日の丸』を、日本の遺族の元へ返還するという活動を基軸とし、両国のさらなる友好関係を、民間レベルで構築することをミッションとする」とあります。日章旗の返還は、単に何かを返却することではなく、より深く大きな意味を持っているということを、私もアストリアを訪ねたことで、実感できるようになりました。

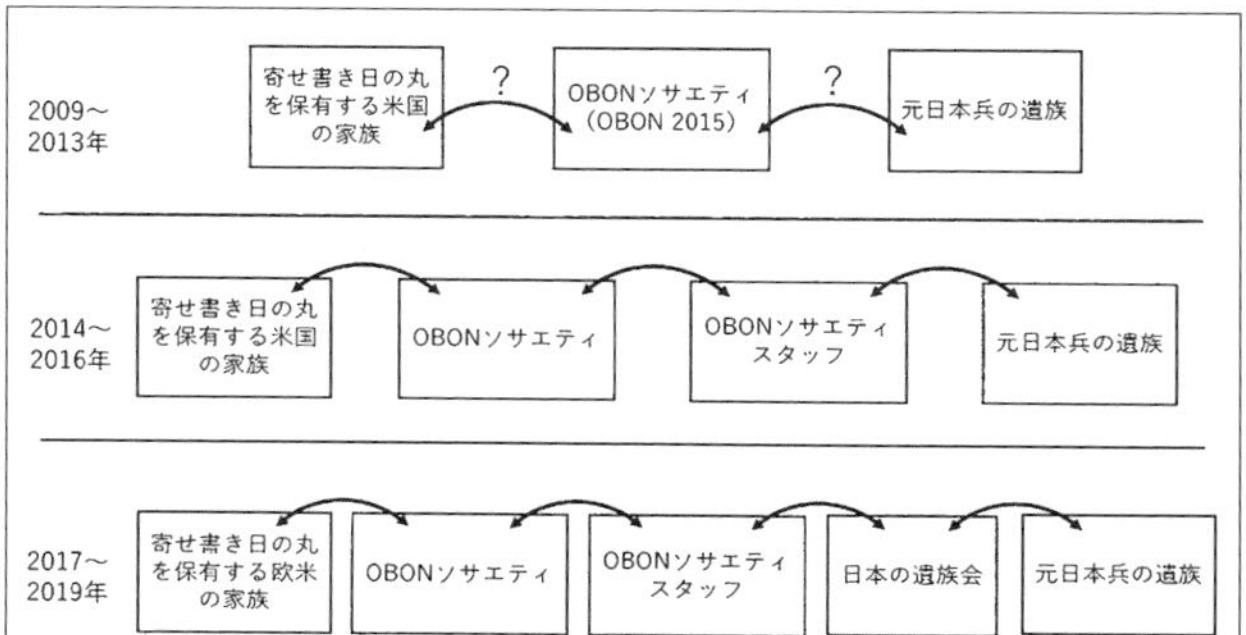

図1. OBON SOCIETYの変遷(ジーク・レックス氏作成のものを筆者訳修正)

日章旗が返還されるまで

まずレックスさんと敬子さんは、どのように日章旗が届き、適切に調査・保管し、遺族を捜索し、返還するのか、一連のプロセスを教えてくれました。

①OBON SOCIETYに返還を願う品物が届く

毎週十箱前後が、郵便局の私書箱宛てに届きます(写真10)。アメリカ国内から送られてくることが最も多いそうですが、近年では、送り先の国も広がっているそうです。これまでに、米国、カナダ、英国、ウェールズ、スコットランド、アイルランド、オーストラリア、ニュージーランド、メキシコ、シンガポール、タイ、マーシャル諸島、フィンランド、ポルトガルから、遺族への返還を願われる遺品がOBON SOCIETYに送られました。

写真10. 郵便物を確認するレックスさん

②物品を記録する

まず行うことは、送られてきた品物を確認して、記録する作業です。以前は、自宅で二人だけで行っていたそうですが、現在は地元のボランティアスタッフが事務所で行います。日章旗の返還から始まった活動ですが、近年では、千人針、腹巻、写真、奉公袋など様々な品物が送られています。内容を一つずつ確認し、写真を撮影し、番号をつけて、パソコンに情報を入力していきます(写真11、12、13)。入力が終わると、番号の貼られた密封できる袋に、送り主ごとに品物を入れて、さらに番号の書かれた箱に入れて、保管室に置きます。

私が訪ねた日に作業をしていたボランティアスタッフは、定年退職された地元の方でした。ＯＢＯＮ　ＳＯＣＩＥＴＹの趣旨に賛同して、協力しているそうです。二人とも手袋をつけて、他の送り主の品物と混ざらないように、傷つけないように、丁寧に慎重に作業をされていました。

写真11. 物品の確認と番号づけ

写真12. 記録用の写真撮影

写真13. 特徴を調べて記録する

③返還先の捜索

旧日本兵の遺品は、コレクションとして売買されることがあるため、偽物も多く存在しています。また、旭日旗などがデザインされた土産物もあるため、それらがＯＢＯＮ　ＳＯＣＩＥＴＹに送られてくることもあるそうです。したがって、届いた品物が本物かどうかを見極めることから、作業は始まるそうです。

本物であれば、そこに記載されている名前や地名や、特定の地域にかかわる記載は、遺族につながる重要な情報になります。これらを見つけ出して、調査するのが、日本にいるボランティアスタッフです。アストリアで記録された情報や写真は、日本のスタッフと共有されていて、その方々がさらに詳しい情報を調べて、日本の遺族会に問い合わせるそうです。遺族会を通して、旧日本兵の遺族に連絡が入ります。

④遺族に向けて発送する

返還が決まると、アストリアで発送作業が始まります（写真14、15）。日章旗や遺品は断衝材にくるまれ、箱に入れられて国際特別郵便で遺族会宛てに発送されます。これまでに、全四十七都道府県と台湾の遺族や関係者に向けて返還されました。箱の中には、遺族会と遺族それぞれに、OBON SOCIETYの資料や新聞記事やピンバッジなども同封されます。提供者から希望があれば、遺族宛ての手紙や写真が同封されることもあります。発送準備をするスタッフ用に貼られた手順シートには、日本の遺族会や遺族についても、写真つきで説明されていました。日本から遠く離れたアストリアのスタッフが、遺族の方々を思って作業できるように、心配りがされているのです。

このように返還活動は、私が想像していた以上に、細部まで配慮され、真摯《しんし》に心を込めて行われていました。

写真14. アストリアの事務所での発送準備

写真15. 国際郵便で遺族に発送

なぜ二人は返還活動を始めたのか：敬子さんに起きた奇跡

そもそもなぜ、レックスさんと敬子さんは日章旗の返還活動を始めたのか。そこには、二人自身に起きた奇跡のような経験がありました。

ジーク・レックスさんは、米国オレゴン州に木こりの息子として生まれました。高校卒業後、中南米で先住民の生活を学び、記録をし、その後、写真家や記録映画のカメラマンとして活躍されます。また自然や歴史にも関心を持ち、森林保護活動や歴史調査も行ってきました。歴史家として講演を依頼されることもあったレックスさんは、ある豪華客船での講演を引き受け、そこで働いていた敬子さんと出会います。

ジーク敬子さんは、京都府で生まれ育ちました。高校卒業後、日本と英国で美容師免許を取得し、豪華客船の美容師として働き始めます。その後、接客力が評価されて士官に就任し、世界各地を周遊しながら世界中から来るお客さんを接客してきました。二〇〇七年、ビルマで戦死した敬子さんの祖父の日章旗（寄せ書き日の丸）が、カナダから家族の元に返還されました。しかも日章旗は非常によい状態でした。家族みんなでこの奇跡に驚き、祖父が帰って来られたと感じて、感動したそうです。

敬子さんとレックスさんが出会ったのはこの（祖父の日章旗が返還された）年の二年後でした。結婚の挨拶に京都の実家へ行った際、敬子さん家族に起きた奇跡を聞いたレックスさんが、返還された経緯を調査した結果、先の大戦中に戦没兵から持ち去られた寄せ書き日の丸が世界中に多数現存している事実を発見しました。敬子さんの家族が体験した奇跡を少しでも多くの遺族へ届けることができれば、という二人の共通の願いから活動が始まりました。当初レックスさんは、インターネットでの取引をやめさせたいと考えていました。米国で大きなインターネット・ショップであるｅＢａｙ上では、当時、寄せ書き日の丸など旧日本兵の遺品が、コレクションとして数多く売買されていたからです。

ある日、レックスさんはｅＢａｙで、「売りたいのではなく、持ち主を探したい」という元米兵の書き込みを見つけました。詳しい話を聞くために電話をすると、元米兵は自身がベトナム戦争に従軍した経験を話し始めました。ベトナムの戦場で、死亡したベトナム兵の遺品を探していた彼は、ある兵士から財布を見つけます。開くと中には、妻と小さい子どもが写る写真が入っていました。自分が持ってきた家族写真と全く同じだと気づいた彼は、思わずその写真を落として、その場から走り去りました。三十余年たった今も、そのベトナム兵の遺族に、あの写真を渡すべきだったと後悔しているというのです。

彼の父親は第二次世界大戦に従軍した際、戦場から寄せ書き日の丸を持ち帰りました。父親は、それを返還したいと家族に伝えてから亡くなったそうです。父親の遺品でもあるその日章旗を絶対に返還しようと決めて、彼はｅＢａｙにコメントと写真を掲載しました。それをレックスさんが見つけたのです。「日本人の婚約者がいるから、助けてあげられるかもしれない」とレックスさんは伝えたものの、どうしたらよいのか分からずにいました。

二〇一一年の年末、レックスさんがいるからと、普段はしない除夜の鐘をつきに行きました。寺院で行列に並んでいると、レックスさんは一人の僧侶から英語で話しかけられました。「アメリカ人ですか？　私はパールハーバーの追悼式典に出席したことがあります」。そう言い残して行った僧侶に日章旗の相談をすればよかったと思いながら甘酒を飲んでいると、またその僧侶がやって来ました。思い切って相談をしたところ、後日、僧侶は日章旗の写真を確認してくれて、そこに浄土真宗の御経と同じ会派の高僧の名前が書かれていることが分かったのです。その高僧は遺族を教えてくれました。元米兵に遺族が見つかったと伝えると、彼は泣いたそうです。戦争によって傷ついているのは、日本の家族も米国の家族も同じです。これがＯＢＯＮ ２０１５を立ち上げてから二人による初めての返還となりました。

日章旗の返還が持つ意味

初めての返還は特別な経験であったと振り返りつつ、その後も返還する度に、奇跡のような家族の物語に立ち会っていると二人は言います。「私たちが見ているのは家族です。日章旗の返還は、家族と家族をつなげることです。戦争はトラウマとなって、家族つまり人々の心に傷を残します。日章旗の返還によって、返還を願う提供者家族と日本の遺族の両方の心が癒されることを、知るようになりました」。もともと二人は、返還活動を始めようと志したわけではなく、自らの返還の体験を通して、その意味に気づき、取り組むようになりました。「活動を始めたというよりは、巻き込まれていったという感覚の方が近い」と、レックスさんは言います。

OBON SOCIETYのホームページや活動概要資料の最初のページには、レックスさんと敬子さんの連名で、返還の意味が説明されています。

> 戦死された日本兵の一人ひとりにも、家族がいました。
>
> 何十年という月日が過ぎた今も、失った大切な人を思う家族がいます。遺骨も、遺品も、戻らなかった多くの家族にとって『寄せ書き日の丸』の返還は戦死兵の魂が、家族へ会いに返ってきたことを意味するのです。
>
> …アメリカには亡くなった日本兵の事を心から想い、日章旗を返還することによって、過去の歴史と心のわだかまりに終止符をうち、これから先の未来を平和に、そして友好を築いていこうと願われている退役兵、そしてその家族がたくさんいます。

現場で周知している私達が、そのような全米からの多くの温かな声を、日本へお届けする橋渡し役が、OBON SOCIETYの使命であると思っています。

人の心に『国境』はありません。家族を思う気持ち、誰かの愛する人に敬意を捧げる思いは、国が違っても共有できるものと思います。日章旗の返還は、旗を返還するという目に見える行為の裏側にあるもの、目には見えない『平和』『友好』『和解』の真摯で温かな思いなのです。【著者修正】

返還を通して思いに触れることで、相手を受け入れ、心のわだかまりを溶かしていく。日章旗返還の意味とは、その行為の裏側にある、家族を思う気持ちを互いに尊重し合うことなのです。

このように日章旗の返還が人の心を動かすことは、どうも当事者に限ったことではないようです。OBON SOCIETYの日章旗返還は、地元アストリアにあるコロンビア川海事博物館(Columbia River Maritime Museum)で展示されています。この展示を見た人たちは、直接関係していないにも関わらず、日章旗に関わる人々の思いを受け取っているようでした。

『A Peaceful Return』と題された展示は、日章旗の返還について、実物や写真や映像を用いて説明されています(写真16、17)。ある元米兵の日章旗返還の実話から始まるこの展示には、日米どちらにも兵士の無事を願う家族がいることや、日本人にとっての日章旗の意味が丁寧に説明されています。とても印象的なのが、三面の壁に配された返還を待つ日章旗の展示です(写真18)。無色透明なケースに納められた日章旗は、どれにも異なる寄せ書きがあり、書いた人と受け取った人の存在や思いが伝わってきます。正面の壁にはスクリーンがあり、実際に日本の遺族に返還された時の様子が、映像で流されています。

写真16. 日章旗返還活動についての展示

私が訪れた際も、多くの人が足を止めていました。とくに映像には、親子連れも含めて多くの人が見入っていました（写真19）。日章旗を一つずつ見る人や、もう一度見に戻ってくる人や、説明を読んで涙する人もいました。当事者だけでなく、この展示を初めて見た人の心にも強く訴える力が、日章旗の返還にはあるのだと感じました。

その理由について、館長のサミュエル・ジョンソン氏に話を聞きました。館長は、初めて寄せ書き日の丸を見た瞬間、日章旗の返還活動について全く知らなかったにも関わらず、感情に訴えてくる衝撃があったそうです。ただし展示の決定に際しては、退役軍人からの反対もあったため、文化的な軋轢《あつれき》を生むような展示はしないという博物館の立場を説明したうえで、それを実現するための展示方法を、レックスさんと敬子さんと慎重に議論して準備したそうです。日章旗を透明なケースに入れて展示したり、記録映像を流したりすることで、見る人が日章旗と向き合い、深く思考できるようにするという二人のアイディアは功を奏し、今まで一度も否定的な意見が来館者から寄せられたことはないそうです。

ジョンソン館長はＯＢＯＮ ＳＯＣＩＥＴＹの展示について次のように話してくれました。「博物館の役割は、人々に歴史や文化に触れてもらい、知性を高めてもらうこと。ＯＢＯＮ ＳＯＣＩＥＴＹの展

写真17. 日本兵の遺品や遺族についての説明

示が来館者に与える影響は、個々人で異なるだろうが、共通していることはReconciliation（和解・融和）だと思う。分かりやすく言えば、日章旗の返還は、戦争は最も悪いことであり、決してしてはいけないことだと私たちに教えてくれる手段になっている。

海事博物館としては、海洋軍事に関わる文化的、社会的なメッセージは避けて、中立的な展示を心がけている。その点、日章旗の返還は、旗や人についての展示であるため、中立的である。そうでありながら、非常に力を持っている。それは、戦争が悪であるとか、対立より融和が大切であるというメッセージを、見る側が自然と受け取るからだ。

この展示は、人種の違いを強調することなく、日米双方を同じ人間として並べている。いつの時代も、戦争は人と人が対立することで起きるのだが、私たちはそれを忘れがちだ。日章旗の返還は、戦争の人間的側面を見る者に訴えかけてくる。だから心が動かされるのだと思う」。日章旗を通して、その背景にいる人間や家族の思いを、来館者は受け取ることができるのです。

OBON SOCIETYによる日章旗の返還は、戦後七十年ほどを経て始まりました。時間を経たからこそ、次世代だからこそできる取り組みがあることを、この活動が示してくれていると感じました。返還の根源にある家族を思う気持ち、人が人を思う気持ちは、戦争を知らない次世代であっても受け止めることができると思います。本書のテーマである戦争の記憶の継承においても、他者の体験を聞くことで、それを追体験することは難しくとも、語り手が家族や友人を思う気持ちを感じ取ることはできます。戦争の記憶を受け止めるとは、語り手の家族への思いを感じ取り、同じ人として他者を尊重する姿勢を培うことなのかもしれない。OBON SOCIETYの活動を通して、そう感じました。

写真18. 返還を待つ日章旗と記録映像

写真19. 返還の映像を見る人びと

おわりに──思いを受け止めてともに生きる

今年は、戦後七十五年の節目にあたります。戦争の記憶の継承は、時間の経過とともに、ますます困難になっていると感じます。そこには、高齢化という語り手の課題だけでなく、社会や暮らしが大きく変わる中で、語られた記憶をどのように受け止め、共存できる社会づくりにつなげることができるか、という聞き手の課題もあります。

本書は、Ⅰで秋田市の語り部の会の戦争の記憶を紹介し、Ⅱでその記憶を聞いた国内外の若い世代の多様な受け止めと、違いを超えて新たな関係づくりに励む米国NPOの日章旗返還活動について紹介しました。ⅠとⅡでは、世代も場所もがらりと変わりますが、まさに戦争の記憶を取り巻く今日の状況と同じだと思います。様々な記憶と様々な受け止めに触れることで、読者は、戦争をより多面的に見つめることができ、自分と異なる見方や立場があることにも気づくことができるでしょう。その気づきが、相手を尊重して対立を回避する姿勢につながる一助になることを願っています。

戦争という辛く悲しい経験を、言葉にして他者に伝えることは、容易なことではないと想像します。Ⅰに登場する語り手の全員が、インタビュー中に、「今の人に言っても、分からないかもしれないけど」とおっしゃったのは、戦争を知る世代の本音だと思います。勇気を出して、戦争とともに歩んだ人生を語ってくれた方々の思いに、私たち次世代はどう応えることができるのか。二度と戦争はすべきではないという思いを受け止め、戦争のない社会をつくり続けるのは、私たち次世代です。

個人の戦争体験を聞くことは、語り手と聞き手が、同じ一人の人間として直接向き合うことを意味します。

語り手が多様であるように、聞き手それぞれの立場によって、一人の戦争体験の語りも、異なる教訓や気づきを与えてくれます。それぞれの気づきを共有することで、戦争の悲惨さをより多面的にとらえることが可能になります。私の学生たちは、違いの先に、国や地域にかかわらず、いかなる人間も戦争によって被害を受けるという共通の気づきを得ました。家族や知人を亡くす悲しみや戦争の悲惨さは、立場を超えて当時のすべての方々が共通して経験されたことです。戦争と平和という普遍的なテーマを考えるうえで、自分と異なる他者への想像力や思いやりが必要になりますが、私は授業を通して、立場や世代の異なる多様な背景を持つ人びとが集うことで、そのような姿勢が生まれることに気づかされました。

OBON SOCIETYによる日章旗の返還は、さらにもう一歩進んだ取り組みです。時間も空間も超えて、元日本兵の遺族のもとに返る遺品には、多くの人たちの家族への思いが込められています。その思いは、自らの家族だけでなく、もともとの持ち主であった日本の家族にも向けられています。日章旗の返還を願う側も、それを受け取った側も、それを仲介する側も、互いに涙を流している姿を見て、相手を思うことで自分の心のわだかまりが解け、癒されることにつながるのだと気づかされました。

これからますます、国境を越えて人や情報やサービスが行きかう社会が進む中で、過去の戦争の記憶が教えてくれることは、悲惨な過去を直視し、相手との違いを受け入れたうえで、どのように対立を避け、相手と関係を築いていくかという、人間が生きるために必須な知恵だと思います。そして他者の記憶を受け止めるとは、自分自身を知ることにもつながります。人は自らの体験を、後に記憶として他者に語ることで、人生経験を分け合い、互いに生きる知恵を得てきたのかもしれません。本書が、読者のみなさんの未来にとって、少しでもお役に立てれば幸いです。

最後に、自らの戦争体験を語ってくださった、秋田市の語り部の会のみなさまとフィリピン・ルソン島のみなさまに、心より感謝申し上げます。また、丁寧に活動を紹介してくださったOBON SOCIETYのみなさまとコロンビア川海事博物館のみなさまにも、深くお礼を申し上げます。一緒に戦争の記憶を聞き、考え、意見を交わしてくれた国際教養大学の学生のみなさん、インタビューにご協力くださった一般財団法人秋田県遺族連合会のみなさま、本書の企画を支えてくださった秋田魁新報社の阿部弘道さんと編集を担当してくださった生内克史さんをはじめとする、本書にご理解ご協力いただきましたすべての方々に、お礼を申し上げます。

二〇二〇年一月

付録①
秋田市戦没者遺児「語り部の会」の変遷

秋田市の「語り部の会」は、秋田市戦没者遺児の会を中心に、二〇〇五年に設立されました。現在は六人の語り部がいますが、その始まりは、第一部に登場する伊藤薫さんの地道な個人活動でした。

きっかけは戦後五十九年目の二つの出来事でした。ある会合で知人が、「戦後六十年にもなろうとしているのに、まだ戦没者への処遇をしているようだけれど、必要あるんだべか」と話しているのを聞き、秋田市遺族会の会員である薫さんは胸を痛めたそうです。さらに数日後、遺族会の年会費を集めに行くと、ある会員から、「仏は五十年も過ぎれば、流れ仏といって、あと供養する必要はない。間もなく六十年を迎えるべ。なんと五十年も過ぎているんだから、あと必要ない。私は遺族ではないと思っているし、うちの家族が戦死したんだけれども、それも忘れようとしている」と言われたそうです。一般の人だけでなく、遺族会からも疑問の声が出たことに、薫さんは大きなショックを受けたそうです。「いつかは風化して、忘れ去られる」という気持ちが、薫さんの中で強くわきました。

そこで翌年、戦後六十年という節目に、秋田市戦没者遺児の会が主催となり、秋田市の青少年を対象とした『平和・追悼を考える私の主張』という作文コンテストを始めることにしました。その目的は、「平和運動と英霊の顕彰に寄与できる青少年の育成」で、実施要項の趣旨には、戦争が風化することへの危機感が書かれています。戦没者遺児の会の主催でしたが、実際には、薫さんが毎年十校ほどの学校を訪問して、作品募集を呼び掛ける地道な個人活動でした。作品募集をする中で、作文を書くためには生徒が実際の戦争体験を聞いた方がよいだろうと思うようになり、薫さんは作文を応募する学校で、自らの戦争体験を語るようになりました。こうして薫さんは語り部になりました。

それから五年間、一人で語り部を続けるうちに、年齢による体力の限界を感じるようになりました。さらに、戦争体験は、人それぞれ異なることから、他の人が語ることで、より多様な戦争体験の話が聞けるようになるだろうと考えて、遺児の会会員にも語り部になるよう呼び掛けることにしたそうです。「私が語れるのはこれくらいしかない。でも他の方は私が語れないものを持っている。人それぞれ、同じ体験といっても違うものですから。違った内容を幅広く皆さんに訴えることが必要でないかなと考えたわけです。訴えることが非常に広くなりますよね」と薫さんは言います。二〇一〇年七月十二日、遺児の会から五人が新たに加わり、秋田市語り部の会が発足しました。

語り部の会がつくられたことで、学校だけでなく、一般の大人に対して語る機会も増えるようになりました。しかし、七十代以上の同世代に語る難しさもあるそうです。同世代が集まる町内会の会合で戦争体験を語った後、薫さんはある参加者から「いやー、今日はいろいろ昔の話っこ聞けてよかったども、おら、聞かねばよかったな」と言われました。あまりにも悲しいこと、もう忘れていたことが、思い出されたというのです。

それを聞いた薫さんは、「いやー、辛いことあったな。いやー、あまり聞きたくなかった。ということで、あれ、大変なことやってしまったな」と反省したそうです。「その人は正直だと思う。だって事実そうだもの。何にも面白いことなかったもの戦時中は。本当の話、悲しいことばかりですよ。だって、食いてぇものも食われないしね。言いたいようなことも、言われないし」と、同世代の反応に同感します。それからは、高齢者ではなく青少年に話す方がいいと考えるようになったそうです。

薫さんは、「これからの日本を背負って立つ青少年に話したい」と強調します。核家族化により、孫と祖父母との会話も減ってきています。作文コンテストの参加者からは、「作文を通して、祖父母との会話が増えた」という感想もあったそうです。また戦後生まれの親からも、「不戦の尊さについて考えるきっかけになった」という声があったそうです。学校で戦争体験を聞いた教員の中には、地元の鎮魂碑について理解が深まり、郷土学習で紹介するようになったケースもありました。作文コンテストの対象である生徒だけでなく、その家族や教師にも伝わるものがあるのです。薫さんは、「それが語りをする私たちへの回答になった」と活動の意味を捉えています。

表1は、秋田市の語り部の会のこれまでの活動記録です。二〇〇五年から二〇〇九年度は、伊藤薫さん個人の活動で、二〇一〇年度以降は、語り部の会メンバーの活動回数です。組織化したことで実施回数が増え、対象も学校だけでなく一般向けにも広がっています。作文コンクールも、二〇一〇年から秋田市主催に変わり、『平和へのメッセージ』という題目で、秋田市の小中学生を対象に継続されています。

表1. 秋田市の語り部実績(実施回数)

対象	年度												
	2005	2006	2007	2008	2009	2010	2011	2012	2013	2014	2015	2016	2017
小学校	1	1	2	4	2	5	10	6	5	6	6	3	5
中学校	0	0	0	0	0	0	0	5	1	2	1	1	0
一般	0	0	0	0	0	1	2	1	0	0	2	3	4
合計	1	1	2	4	2	6	12	12	6	8	9	7	9

注:秋田市仁井田小学校や広面小学校は複数年度で実施している。城東中学校や国際教養大学では年に複数回実施している。
出所:「語り部の会」活動10年史および聞き取り調査より

語り部の会の主体である遺族会は、これまで親会、遺児の会、遺児女性部で構成されてきました。戦者の親や妻が参加する親会では、多くの方が亡くなっているため、二〇一七年九月、秋田県遺族連合会に孫世代による新青年部が新設され、遺族会の継続を図っています。語り部の会も、高齢化に伴い、継続性に課題を抱えています。そこで秋田県は、二〇一九年から四年間、語り部の育成事業を行うことにしました。各市町村から語り部の候補者を出して研修を行い、戦争を経験していない次世代の語り部を育成しようとしています。将来は、要請があれば、二十五市町村どこへでも語り部を派遣できるようなネットワークを作るという構想です。

年	世界・日本	秋田
1940	日独伊三国同盟、南京に新国民政府を樹立、大政翼賛会の発足	社会大衆党秋田県連や大日本農民組合秋田県連など各組合の解散が相次ぐ
1941	真珠湾攻撃→太平洋戦争始まる	小学校が国民学校になる、大政翼賛会秋田県協力会の成立、3銀行合併して秋田銀行誕生
1942	翼賛選挙の実施→議会の無力化、東京初空襲、ミッドウェー海戦で日本大敗	一県一紙制によって『秋田魁新報』一紙となる
1943	アッツ島などで日本軍が玉砕	神社寺院の樹木供出命令がでる、国民服着用の奨励、各町村に松根油生産を通達
1944	米軍爆撃機の日本本土への本格的空襲始まる、東條内閣が戦況悪化により総辞職	疎開転入者指導要綱の制定、各地の銅像・釣鐘など供出、秋田県学徒動員本部の設置、県内鉱山に中国人・朝鮮人労働者を強制連行
1945	3月東京大空襲、4月米軍の沖縄上陸・攻撃、8月6日広島に原爆投下、8月9日長崎に原爆投下、8月8日ソ連が日本に宣戦布告、8月14日ポツダム宣言を受諾し日本降伏、8月15日天皇が国民に発表マッカーサー来日→占領政策始まる	6月30日花岡事件、7月14日グラマン戦闘機による攻撃、7月15日横手駅前のガス充填所を狙った攻撃、8月5日グラマンが横手駅周辺を攻撃、8月14日土崎空襲、9月15日米国占領軍が秋田に進駐
1946	天皇の人間宣言	婦人参政権が認められた戦後第1回の衆院選で和崎ハルが第1位当選、全県で水害被害
1947	日本国憲法施行	前年の第2次農地改革法により1952年までに4万7800町歩買収、大水害、供出米強制
1948	極東国際軍事裁判の判決下りる	むのたけじ『たいまつ』創刊、新制高校発足、秋田県開拓者連盟結成
1950	朝鮮戦争始まる→日本に軍需景気	前年に県庁職員・教職員にレッドパージ、秋田県労働組合会議の結成
1951	サンフランシスコ講和条約、日米安全保障条約	
1955	自由民主党結成、社会党統一、55年体制確立	小畑勇二郎県知事に当選(6期24年間)
1960	安保闘争激化、国民所得倍増計画発表	米価要求・安保阻止全県農民大会
1964	東京オリンピック開催	男鹿沖地震、大潟村発足
1965	日韓基本条約により日韓の国交樹立	
1970	安保条約自動延長→学生運動沈静化、よど号ハイジャック事件、大阪万博開催、三島由紀夫割腹自殺	減反政策始まる
1972	あさま山荘事件、横井正一がグアム島から帰還、沖縄が本土復帰→沖縄県誕生、日中国交正常化	豪雨による家屋浸水被害
1973	オイルショックおきる	
1974	小野田寛郎がルバング島から帰還	
1989	平成始まる	秋田内陸線開通
1995	阪神淡路大震災、地下鉄サリン事件	
2004	中越地震	
2008	リーマンショックおきる	
2011	東日本大震災	
2019	平成から令和へ	

付録② 年表

年	世界・日本	秋田
1889	大日本帝国憲法発布	題字を変え秋田魁新報発刊
1890	第1回帝国議会招集	米価高騰で秋田市の窮民が広小路に集結
1891	大津事件 （ロシア皇太子が巡査に切りつけられる）	全県に大暴風雨で農作物に甚大被害
1894	日清戦争始まる	雄物川筋と子吉川筋が大雨で氾濫し未曽有の大洪水 県内に私立銀行が次々設立
1895	下関条約調印（日清戦争の講和条約）	北羽新報創刊
1902	日英同盟締結	
1903	幸徳秋水ら平民社を結成	
1904	日露戦争始まる	
1905	ポーツマス条約調印（日露戦争の講和条約）	奥羽線全線開通
1910	大逆事件（社会主義者・無政府主義者が逮捕処刑）、韓国併合条約の締結	県内一帯に大洪水、死者25人
1911	大逆事件判決（幸徳秋水ら22人処刑）	
1912	明治天皇崩御	
1914	第一次世界大戦始まる	仙北郡強首村震源の大地震で死者94人
1917		第一次世界大戦による景気上昇始まる
1918	シベリア出兵	米価上昇→県が米の売り惜しみ防止告諭
1920	国際連盟発足	
1921	ワシントン会議→国際的軍縮、原敬首相暗殺	
1923	関東大震災	小坂・花岡・阿仁鉱山で労働争議
1924		農民の組織化が加速
1925	普通選挙法と治安維持法の成立	
1926	大正天皇崩御→昭和始まる	秋田県労働組合協議会の結成
1928	三・一五事件（全国で1600人の左翼活動家検挙される）、関東軍により張作霖が爆死	
1929	共産党一斉検挙→共産党は壊滅的打撃受ける	和崎ハルら秋田婦人連盟を結成、 成田忠久が秋田市に北方教育社設立
1930	前年のアメリカ金融恐慌の影響が日本に波及、浜口雄幸首相が東京駅で狙撃され重傷	県南で小作争議頻発
1931	満州事変勃発	東北地方の大凶作
1932	満州国建国、五・一五事件 （犬養毅首相射殺される）	
1933	満州国の不承認を理由に日本は国際連盟を脱退	海外移住者のため県内14ケ所に相談所開設
1934		東北地方の大凶作
1935		農村婦女子の身売り・出稼ぎ
1936	二・二六事件（陸軍皇道派によるクーデター）	時事評論誌『農民』創刊
1937	日中戦争のきっかけとなる盧溝橋事件起こる	治安維持法違反で19人検挙
1938	国家総動員法施行→政府による統制強化、満蒙開拓青少年義勇軍の創設	
1939	ノモンハン事件でソ連と満州国境を争い大敗、ヨーロッパで第二次世界大戦始まる	消防組が警防団に改組、男鹿沖を震央の地震で死者28人、各町村に勤労報国隊を組織

初出一覧

（本書の各章は以下の既発表論文に加筆修正したものを含んでいます）

はじめに　書き下ろし.

I

1.　相本歩美、2018、「戦争体験の語り部になる－秋田市「語り部の会」設立者のオーラル・ヒストリー」『国際教養大学アジア地域研究連携機構研究紀要』第7号、73-89.

2.　書き下ろし.

3.　書き下ろし.

4.　書き下ろし.

5. 6.　相本歩美、2017、「子が語る父親の戦争－秋田の農村における記憶の継承」『国際教養大学アジア地域研究連携機構研究紀要』第5号、1-14.

II

1.　相本歩美、2017年8月28日、「「戦後」を終わらせない」『月曜論壇』秋田魁新報.

相本歩美、2018、『森を守るのは誰か－フィリピンの参加型森林政策と地域社会』新泉社.

2.　相本歩美、2017、「地域に根ざした大学のグローバル教育－秋田からの挑戦」川村千鶴子編『いのちに国境はない－多文化「共創」の実践者たち』、慶應義塾大学出版会、92-105.

相本歩美、2017、「共に平和を想う－秋田の多文化な大学教育の可能性」『国際人流』No.364：26-31.

3.　書き下ろし.

おわりに　書き下ろし.

付録①　相本歩美、2018、「戦争体験の語り部になる－秋田市「語り部の会」設立者のオーラル・ヒストリー」『国際教養大学アジア地域研究連携機構研究紀要』第7号、73-89.

付録②　書き下ろし.

〈著者略歴〉

椙本歩美（すぎもと　あゆみ）

1982年東京都生まれ
博士（農学）
東京大学大学院農学生命科学研究科博士課程単位取得退学
現在、国際教養大学助教
専門、農村開発論、環境社会学

記憶を未来へ　―秋田の戦争をつなぐ

著　　者　椙本歩美
発 行 日　2020年 3月 31日　初版
発 行 所　株式会社秋田魁新報社
〒 010-8601　秋田市山王臨海町 1-1
Tel.018-888-1859（企画事業部）
Fax.018-863-5353
定　　価　本体 1200円＋税
印刷・製本　秋田活版印刷株式会社

ISBN　978-4-87020-412-6　c0021　¥1200E